# Schmuck-kalligraphie

*Zur Erinnerung an N.A.V. Romer, M.B.E.
aus Upminster, Essex, England,
der mir alles beibrachte,
was ich über die Kalligraphie
und die Buchillustration weiß.*

# Schmuck-kalligraphie

**PATRICIA CARTER**

_EDITION_
MICHAEL FISCHER

Titel der Originalausgabe: „Illuminated Calligraphy",
erschienen bei Search Press Limited, England.

Aus dem Englischen übertragen von Christa L. Cordes

Kalligraphie: Anton Dressler

1. Auflage 1991
Alle Rechte der deutschsprachigen Ausgabe bei
Edition Michael Fischer, Stuttgart

© 1989 by Patricia Carter

Herstellung und Satz:
Verlagsservice Henninger GmbH, Würzburg

Printed in Spain

ISBN 3-924433-73-9

# Inhalt

| | |
|---|---|
| *Einführung* | 7 |
| *Das Material* | 8 |
| *Die Zeichnung* | 11 |
| *Die Farbe* | 12 |
| *Die Techniken* | 14 |
| *Goldauftrag* | 18 |
| *Einfache Bordüren* | 21 |
| *Farne, Gräser, Blumen* | 31 |
| *Banner, Bänder und Seile* | 45 |
| *Stilisierte Blattbordüren* | 55 |

# Einführung

Ich habe nicht die Absicht, auf den folgenden Seiten die Kunst der Kalligraphie zu lehren. Es gibt zahlreiche Bücher, denen sich entnehmen läßt, wie man hübsche Buchstaben von Hand herstellt. Ebenfalls beabsichtige ich nicht, die Technik dekorativer Initialen vollständig zu behandeln, auch wenn Sie zahlreiche Beispiele zu diesem Thema finden werden. Ich möchte vielmehr aufzeigen, wie man eine vollständige Seite mit Hilfe einfacher oder komplizierterer Schmuckbordüren dekorativ gestaltet. Ich erkläre, wie man mit Hilfe von Farbe die Buchstaben eines schlichten Zitats oder einer Mitteilung hervorheben und in ein persönliches Dokument verwandeln kann, das man nicht einfach fortwirft. Die Bordüren, die ich für dieses Buch gezeichnet habe, werden Sie hoffentlich anregen, sich stärker in die Kunst der Illustration zu vertiefen. Ich kann hier nur eine allgemeine Anleitung für Anfänger und Interessierte geben.

Vor über 30 000 Jahren malte der Steinzeitmensch bereits Bilder an seine Höhlenwände. Dazu benutzte er Zeichenkohle, Pinsel aus Stöcken und Farbe, die aus mit Fett gebundenen pulverisierten Pigmenten bestanden. Langsam entwickelten sich aus den Bildern Symbole und daraus schließlich die Buchstaben. Nachdem das Alphabet Form angenommen hatte, entstanden herrliche Kunstwerke, in denen die Buchstaben mit Bildern und Zeichen kombiniert wurden.

Der Fachbegriff für die Ausschmückung von Buchseiten und Buchstaben mit Farbe, Gold und Silber ist „Illumination". Von Anfang an wurde das geschriebene Wort mit Illustrationen ausgeschmückt und verstärkt. Zahlreiche mittelalterliche Schriften, die bis heute erhalten sind, besitzen noch ihre ursprüngliche vibrierende Farbe. Die alten Texte wurden mit prächtigen Details verschönt. „The Book of Kells" ist eine der herrlichsten Schriften des Mittelalters. Die Schönheit des irischen Werkes hat Generationen von Historikern und Künstlern begeistert.

Die Schreiber und Illustratoren schufen diese Manuskripte unter Umständen, die an heutigen Bedingungen gemessen primitiv erscheinen. Kerzen boten den Schreibern während ihrer langen Arbeitsstunden an Pulten in kalten, zugigen Räumen nur dürftiges Licht. Das Schreibwerkzeug war von Hand gefertigt, die Texte wurden mit der Gänse- oder Rohrfeder auf Tierhäute geschrieben. Die Farbe wurde aus Pigmenten pflanzlicher oder mineralischer Herkunft gewonnen und zu Pulver gemalen, dem man vor dem Auftragen Gummilösungen als Bindemittel hinzufügte. Gold wurde regelmäßig zur Verschönerung der Seiten eingesetzt. Einige Geräte und Materialien der Schreiber des Mittelalters sind heute nicht mehr erhältlich. Sie können jedoch mit gutem Resultat durch neuere Produkte ersetzt werden.

Die Erfindung der Buchdruckpresse Mitte des 15. Jahrhunderts leitete den Niedergang der handgeschriebenen Bücher und Manuskripte ein. Erst Ende des 18. Jahrhunderts lebte das Interesse an ihnen mit Werken von William Blake und später von William Morris in England wieder auf.

Mein eigenes Interesse an der Kalligraphie und Illumination wurde zufällig geweckt. Ein Berufskalligraph hatte meine Miniaturen gesehen und erteilte mir den Auftrag, einen Text zu schreiben und zu illustrieren. Ich habe es nie bereut. Zur Zeit schreibe ich an Gedenkbüchern für Kirchen in ganz England, auch für die Kathedrale von Norwich. Das ist eine ebenso erfreuliche wie dankbare Aufgabe.

Die Bordüren in diesem Buch sind nicht ausschließlich zur Illustration von Schreibtexten gedacht. Sie können verändert und stärker ausgearbeitet werden und als Vorlage für viele handwerkliche Arbeiten – Stickerei, Schnitzerei, Töpferei, Steinmetz- und Buntglasarbeiten – verwendet werden. Es gibt so viele Möglichkeiten, daß man sie nicht alle aufzählen kann. Auch Künstler werden sich gern von den zarten Zierstreifen, Blumen und Girlanden inspirieren lassen.

Jeder hat seine eigene Vorstellung von Schönheit. Was dem einen gefällt, sagt dem anderen nicht zu. Trotzdem hoffe ich, daß die Schmuckbordüren, die ich hier verwendet habe, Sie zu eigenen Motiven anregen werden. Sobald Sie die Grundtechniken beherrschen, können die Vorlagen die Basis für eigene Entwürfe bilden, so daß Sie in der Lage sind, selber schöne, harmonisch illustrierte, hochgeschätzte Texte herzustellen.

# Das Material

Man benötigt weder besonders viel Material, noch ist es übermäßig teuer. Als Anfänger sollten Sie sich vielleicht nur eine Grundausstattung zulegen, bis Sie über etwas Praxis verfügen und wissen, wo Ihre Präferenzen liegen. Die meisten Künstlerbedarfs- und Schreibwarengeschäfte bieten ein breites Sortiment dafür an. Diese erste Investition kann bei entsprechender Pflege lange halten. Nur Farbe, Tinte, Blattgold und Papier müssen Sie jeweils ersetzen.

## Der Arbeitsplatz

Einen sehr großen Arbeitsplatz benötigen Sie zwar nicht, und Sie könnten durchaus einen flachen Tisch dazu verwenden. Leichter und weniger ermüdend arbeitet man jedoch auf einer schrägen Fläche. Als Anfänger können Sie sich diese selber herstellen, indem Sie ein Brett auf ein oder mehrere Bücher stützen. Ein mittelgroßes kräftiges Sperrholzbrett reicht vollkommen aus. Natürlich benötigt man für größere Zeichnungen ein größeres Brett. Unabhängig von der Größe sollten Sie sich vergewissern, daß das Brett absolut fest auf dem Tisch liegt. Eine einzige unfreiwillige Bewegung kann die sorgfältige Arbeit von Stunden zunichte machen!

In den meisten Künstlerbedarfsgeschäften sind kleine Pultstaffeleien erhältlich. Manche sind mit parallelen Linealen ausgerüstet, die jedem Neigungswinkel angepaßt werden können. Sie sind vor allem beim Linienziehen recht nützlich. Ideal ist ein Neigungswinkel von 45 Grad, bei dem Sie am besten erkennen, wie Ihr Werk fortschreitet. Ist Ihnen dieser Winkel zu unbequem, wählen Sie jenen, der Ihnen am meisten zusagt.

Ist Ihre Arbeitsfläche zu hart oder zu rauh, benötigen Sie eine zusätzliche Unterlage. Mehrere Schichten Saugpapier böten eine ideale Lösung. Ratsam ist ferner ein Extrablatt unter der Hand, um das Werk vor Hautfett und Schmutzflecken zu schützen.

## Das Papier

Es gibt eine scheinbar unendliche Vielfalt von sehr feinem bis extragrobem Zeichenpapier, so daß man für jedes Medium das Passende findet. Das beste Papier ist handgeschöpft, aber auch sehr teuer. Anfängern rate ich daher, zunächst mit einem glattgestrichenen Zeichenpapier zu beginnen.

Ich selbst verwende am liebsten Aquarellpapier, gelegentlich auch Aquarellkarton, falls ich meine Arbeit rahmen möchte. Malkartone brauchen vor dem Rahmen nicht aufgezogen zu werden. Für alle Bordüren in diesem Buch habe ich säurefreies 150-g/m²-Zeichenpapier verwendet.

Ferner habe ich immer preiswertes Offsetpapier zur Hand, das ich zum Entwerfen meiner Muster verwende. Pauspapier benötigt man für das Layout und zum Übertragen des ausgewählten Musters auf das endgültige Papier oder Pergament.

## Velin

Velin ist der traditionelle Malgrund für Kalligraphen und Illustratoren. Es wird aus Kalbs-, Schafs- oder Ziegenhaut hergestellt und ist erheblich teurer als Papier. Wollen Sie eine Bordüre für einen ganz besonderen Anlaß anfertigen, lohnt sich allerdings die Ausgabe.

Die Maltechnik auf Velin werde ich in diesem Buch nicht behandeln. Sie wird in anderen Büchern ausführlich erklärt. Machen Sie sich mit dieser Technik eingehend vertraut, bevor Sie sich an Ihr erstes Meisterwerk wagen.

## Pergament

Pergament wird aus Schafshaut hergestellt und ist heutzutage im Laden erhältlich. Es ist empfindlicher als Velin, aber nicht so teuer. Außerdem gibt es einige ausgezeichnete Imitationen, die erheblich preiswerter sind. Ich verwende gelegentlich Pergament für bestimmte Arbeiten. Allerdings lassen sich Fehler nur mühsam von der glatten, rutschigen Fläche entfernen.

## Bleistifte

Bleistifte sind entsprechend ihrem Härtegrad gekennzeichnet, wobei die H-Reihe aus den harten und die B-Reihe aus den weichen Minen besteht. Der Stift HB liegt dazwischen. Außerdem gibt es die Gradation F, die nicht so stark schmiert wie die Gradation B und härter ist als der HB. Bei Stiften mit der Gradation H steigt der Härtegrad mit der Ziffer, während bei der B-Reihe der Stift mit der höchsten Ziffer am weichsten ist.

Ich selbst verwende stets harte Bleistifte und überprüfe die Spitze vor Arbeitsbeginn. Zum Entwerfen meiner Muster verwende ich einen Stift 2H oder 2B, zum Übertragen des Musters einen 2H und für Arbeiten auf Velin einen 2B. Weichere Stifte sollte man für Velin nicht wählen, da sie leicht schmieren und man die Spuren ohne Beschädigung der Oberfläche praktisch nicht entfernen kann.

## Radierer

Im Handel sind zahlreiche Arten erhältlich. Farbige Gummi könnten das Papier verfärben, deshalb verwende ich zum Entfernen von Bleistiftstrichen ausschließlich weiße. Bei Velin müssen Sie außerordentlich aufpassen, da die Oberfläche leicht beschädigt wird und die Bleistiftmine schmutzen und schmieren kann. Entfernen Sie unerwünschte Linien mit einem harten Radiergummi oder einem weichen Plastikradierer.

## Zeichenfedern

Bandzugfedern, Redisfedern, Flachfedern, Rohrfedern und der Federkiel: alle eignen sich für farbenfrohe, dekorative Bordüren. Es lohnt, mit diesen und weiteren Federn zu experimentieren, nachdem Sie die in diesem Buch genannten Grundtechniken erst einmal beherrschen. Für besonders zarte, detaillierte Arbeiten benutze ich häufig eine feine Feder für technische Zeichnungen. Auch eine sehr feine Zeichenfeder eignet sich für zarte Details.

## Tinten

Im Handel sind etliche farbenfrohe Tinten erhältlich. Für Illuminationen eignen sie sich allerdings nicht, denn sie verblassen zu leicht. Möchten Sie eine haltbare Arbeit anfertigen, verwenden Sie lieber Aquarellfarbe.

Für zarte Details benutze ich eine sehr feine Zeichenfeder und Chinatusche.

## Die Farbe

Aquarellfarbe ist in Näpfen, in Tablettform und in Tuben erhältlich. Die beiden ersten müssen mit dem Pinsel angefeuchtet und gelöst werden. Tubenfarben sind bequemer und lassen sich einfacher mischen. Ich verwende Aquarellfarben für sehr detaillierte Arbeiten. Sie sind ein wesentlicher Bestandteil meiner Palette für die Miniaturen, mit denen ich meine Bordüren schmücke.

Gouache ist ebenfalls in Näpfen, in Tablettform und in Gläsern oder Tuben erhältlich. Die Tablettfarben müssen mit dem angefeuchteten Pinsel gelöst werden, die Farben in Tuben und Gläsern kann man direkt verwenden. Bei zu starkem Mischen kann die Farbe stumpf werden. Mischen Sie daher so wenig wie möglich. Ich verwende Gouache zum Ausschmücken der Initialen und für nicht allzu detaillierte Arbeiten.

Acrylfarbe wird mit Wasser verdünnt oder unmittelbar aus der Tube aufgetragen. Im Gegensatz zur Aquarellfarbe, die beim Auftrocknen heller wird, dunkelt Acrylfarbe nach. Berücksichtigen Sie das unbedingt beim Malen.

Auch gebrauchsfertiges Farbpulver kann man verwenden. Es ist rein und stark und ähnelt jenen Farbpigmenten, mit denen die Schreiber und Illustratoren des Mittelalters arbeiteten. Das Farbpulver muß mit Ei oder Gummiarabikum gebunden werden, damit es auf dem Malgrund haftet. Anfängern würde ich nicht zu dieser Farbe raten, da sie schwierig herzustellen ist.

## Pinsel

Rotmarderpinsel eignen sich meiner Ansicht nach für diese Arbeit am besten. Geben Sie für ein kleines Pinselsortiment lieber etwas mehr aus. Bei guter Pflege hält es viele Jahre. Die Nummern 00 bis 4 sind ideal für meine detaillierten Bordüren. Für größere Farbflächen kann man ruhig dickere Pinsel verwenden.

Rindshaar- und Fehpinsel sind billiger und ebenfalls verwendbar, halten aber nicht so lange und verlieren früher ihre Spitze. Kaufen Sie daher Rotmarderpinsel, falls Sie irgend können.

Reinigen Sie die Pinsel sorgfältig nach Gebrauch, und stellen Sie die Spitze wieder her. Schützen Sie diese immer. Ein Röhrchen aus dickem Papier, das über den Haarkörper gezogen wird, bietet ausreichend Schutz.

## Weiteres Material

Zum Auftragen des Blattgolds ist spezielles Material erforderlich. Dieses wird im Kapitel über das Vergolden beschrieben (S. 18).

Ein Lineal mit Zentimetereinteilung benötigen Sie zum Linieren. Außerdem benutze ich häufig einen Satz Winkeldreiecke, Reißschiene und Zirkel oder Schablonen für komplizierte Bordüren. Für Kreise stelle ich lieber vorab mit dem Zirkel eine Schablone aus einem Extrablatt her. Auf diese Weise wird das Papier oder Velin nicht von der Zirkelspitze beschädigt. Natürlich können Sie auch eine Fertigschablone verwenden.

Ein scharfes Messer mit guter Schneide (ein Cutter ist ideal) benötigt man zum Spitzen der Bleistifte und ein weiteres, ebenfalls scharfes zum Auskratzen kleiner Fehler mit Tinte. Achten Sie unbedingt darauf, daß die Tinte trocken ist, bevor Sie mit der Korrektur beginnen.

Zum Mischen der Farben benötigen Sie eine Palette. Sie können auch eine weiße Untertasse oder einen Teller verwenden. Löschpapier und saubere Lappen empfehlen sich zum Reinigen des Materials nach Gebrauch.

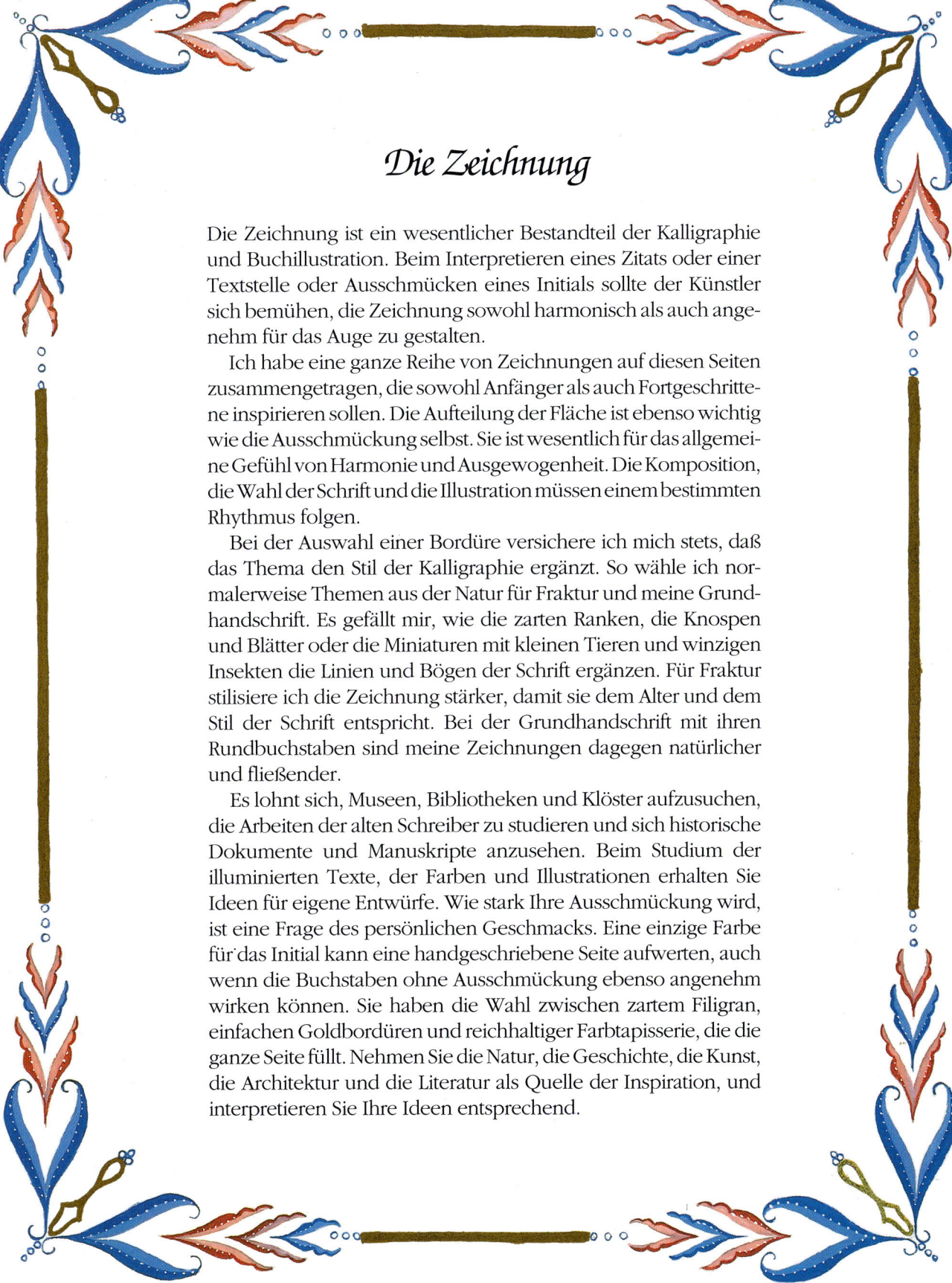

# Die Zeichnung

Die Zeichnung ist ein wesentlicher Bestandteil der Kalligraphie und Buchillustration. Beim Interpretieren eines Zitats oder einer Textstelle oder Ausschmücken eines Initials sollte der Künstler sich bemühen, die Zeichnung sowohl harmonisch als auch angenehm für das Auge zu gestalten.

Ich habe eine ganze Reihe von Zeichnungen auf diesen Seiten zusammengetragen, die sowohl Anfänger als auch Fortgeschrittene inspirieren sollen. Die Aufteilung der Fläche ist ebenso wichtig wie die Ausschmückung selbst. Sie ist wesentlich für das allgemeine Gefühl von Harmonie und Ausgewogenheit. Die Komposition, die Wahl der Schrift und die Illustration müssen einem bestimmten Rhythmus folgen.

Bei der Auswahl einer Bordüre versichere ich mich stets, daß das Thema den Stil der Kalligraphie ergänzt. So wähle ich normalerweise Themen aus der Natur für Fraktur und meine Grundhandschrift. Es gefällt mir, wie die zarten Ranken, die Knospen und Blätter oder die Miniaturen mit kleinen Tieren und winzigen Insekten die Linien und Bögen der Schrift ergänzen. Für Fraktur stilisiere ich die Zeichnung stärker, damit sie dem Alter und dem Stil der Schrift entspricht. Bei der Grundhandschrift mit ihren Rundbuchstaben sind meine Zeichnungen dagegen natürlicher und fließender.

Es lohnt sich, Museen, Bibliotheken und Klöster aufzusuchen, die Arbeiten der alten Schreiber zu studieren und sich historische Dokumente und Manuskripte anzusehen. Beim Studium der illuminierten Texte, der Farben und Illustrationen erhalten Sie Ideen für eigene Entwürfe. Wie stark Ihre Ausschmückung wird, ist eine Frage des persönlichen Geschmacks. Eine einzige Farbe für das Initial kann eine handgeschriebene Seite aufwerten, auch wenn die Buchstaben ohne Ausschmückung ebenso angenehm wirken können. Sie haben die Wahl zwischen zartem Filigran, einfachen Goldbordüren und reichhaltiger Farbtapisserie, die die ganze Seite füllt. Nehmen Sie die Natur, die Geschichte, die Kunst, die Architektur und die Literatur als Quelle der Inspiration, und interpretieren Sie Ihre Ideen entsprechend.

# Die Farbe

Die Farbe ist eine Frage des persönlichen Geschmacks. Niemand kann einem raten, wann oder wo man eine bestimmte Nuance verwenden soll. Das ist absolut individuell. Ich finde es besser, nicht zu viele Farben für eine Zeichnung zu verwenden, sonst wird sie verworren. Ich wiederhole jede Farbe mindestens zweimal innerhalb einer Zeichnung, um der Bordüre Gleichgewicht und Rhythmus zu verleihen.

Das Zitat oder der Text, den Sie ausschmücken möchten, könnte Ihnen Bilder in lebhaften Rottönen und Goldwirbeln suggerieren. Oder er kann Sie an schönes Sonnengelb und kühles Blau erinnern. Scheuen Sie sich nicht, mit diesen Farben zu experimentieren. Legen Sie sie nebeneinander auf ein Stück Konzeptpapier, und halten Sie das Papier in Armlänge von sich. Versuchen Sie es erneut, falls die Farben nicht zusammenpassen, und malen Sie eine neue Skala auf ein frisches Blatt. Wichtig ist, daß Sie experimentieren, bis Sie Farben gefunden haben, die gut zusammenpassen und ein Gefühl von Harmonie und Gleichgewicht erzeugen.

## Die Wahl der Farben

Es gibt heutzutage wunderbare Farbenskalen und ausgezeichnete Produkte. Der Anfänger steht einer solchen Vielfalt häufig hilflos gegenüber. Ich selbst ziehe Aquarellfarben vor, weil sie meiner Ansicht nach für die zarten, detaillierten Bordüren am besten geeignet sind, auch wenn sich Fehler nachträglich fast nicht korrigieren lassen.

Ferner verwende ich Gouache. Die Tubenfarbe ist ziemlich dick und muß für feine Arbeiten verdünnt werden. Gouache ist ideal für die Ausschmückung von Initialen und die Anlage flacher Farben um eine Bordüre herum. Manche Farben verlieren allerdings beim Mischen an Brillanz und werden graustichig. Gouache hat den Vorteil, deckend zu sein, so daß man Fehler leicht übermalen kann.

Acrylfarben kann man ebenfalls verwenden, allerdings trocknen sie sehr schnell. Auch sie müssen verdünnt werden. Bei zu dickem Farbauftrag wirkt die Arbeit übermäßig schwer. Zarte Arbeiten verlangen eine dünnere Farbe.

Ferner ist Farbpulver geeignet, sofern ihm ein entsprechendes Bindemittel beigegeben wird. Es ergibt die reinsten Farben. Welche Farbe Sie wählen, ist eine Frage Ihres persönlichen Geschmacks. Erst in der Praxis werden Sie Ihre Präferenzen erkennen.

## Die Wahl der Farbpalette

Gute Künstlerbedarfsgeschäfte haben eine ganze Reihe von Farbenkarten zur Auswahl. Es lohnt sich, diese ausgiebig zu studieren, bevor man seine Wahl trifft. Ein Grundsortiment reicht zunächst aus. Zu einer verläßlichen Palette gehört eine Auswahl von Gelb, Rot und Blau sowie einige zusätzliche Farben. Ich selbst male mit folgenden: Lichter Ocker, Kadmiumgelb, Zinnober, Alizarinviolett, Ultramarinblau, Grüne Erde (oder Alizaringrün), Lampenschwarz und Perm. chinesisch Weiß.

## Farbmischungen

Purpur, Gelb und Blau sind die Grundfarben. Diese können gemischt und verdünnt werden, so daß eine breite Skala weiterer Farben entsteht. Nachdem Sie Ihr Grundsortiment zusammengestellt haben, sollten Sie mit den Nuancen der Grundfarben experimentieren. Benutzen Sie den Farbenkreis als Anleitung für die Mischungen: Gelb und Purpur ergibt Rotorange, Purpur und Blau ergibt Violett, Blau und Gelb ergibt Grün.

Mischen Sie grundsätzlich mehr, als Sie benötigen. Geht eine Farbe zu Ende, bevor Ihre Zeichnung fertig ist, gelingt es fast nie, exakt dieselbe Nuance noch einmal herzustellen.

Die Farben im Farbenkreis und meine Grundpalette bilden die Basis aller meiner farbigen Arbeiten. Natürlich kann man weitere Farben mischen oder kaufen und sie zu der Palette hinzufügen. Das ist einzig eine Frage des persönlichen Geschmacks.

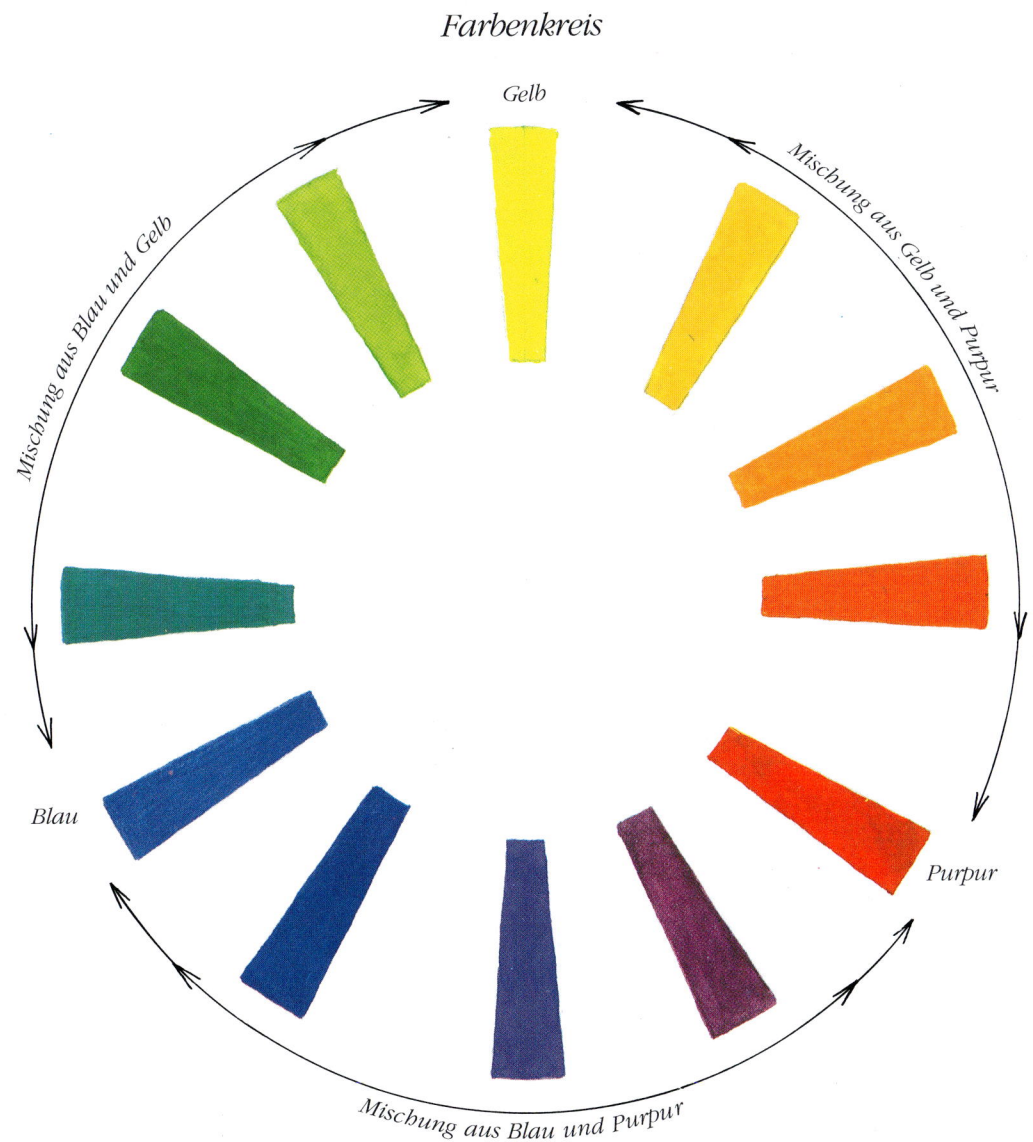

# Die Techniken

Ich will hier nur die Grundtechniken beschreiben, die zur Anfertigung einfacher farbiger Ausschmückungen erforderlich sind. Üben und experimentieren Sie mit den zahlreichen Bordüren in diesem Buch. Nur durch Kopieren der Vorlagen und Ausprobieren der Techniken werden Sie eines Tages in der Lage sein, eigene Muster zu entwerfen.

## Vorbereitung der Zeichnung

Auch wenn ich in diesem Buch die Technik der Kalligraphie nicht beschreiben will, scheint es mir nötig, einige grundsätzliche Punkte über die Gestaltung der Seite zu erwähnen. Der handgeschriebene Text ist ein integrierter Bestandteil der Bordüren und muß als Eingangsstadium betrachtet werden, damit die Seite für das Auge harmonisch und angenehm wirkt.

Wählen Sie zunächst Ihren Text, und entscheiden Sie sich anschließend für die Größe und die Form Ihres Layouts. Vergessen Sie dabei nicht, daß die Ränder und die leeren Flächen ebenfalls zum Gesamtbild gehören. Auch die Schriftwahl ist wichtig und sollte zur Aussage des Textes passen. Von der Größe und der Form der Buchstaben hängt ab, wieviel Platz für die Ausschmückung übrigbleibt. Ich fertige in diesem frühen Stadium immer eine Bleistiftskizze auf Papier an und versuche herauszufinden, wieviel Raum der Text einnimmt.

## Initialen

Auch wenn ich in diesem Buch nur wenige Schmuckinitialen zeige, ist es der Mühe wert, sich an einige Grundregeln zu erinnern. Das Initial sollte den handgeschriebenen Text stilistisch ergänzen oder derselben Schriftart angehören. Außerdem muß der Buchstabe lesbar sein. Auch die Stellung des Initials ist wichtig, weil er einen integrierten Bestandteil der gestalteten Seite bildet und einen gewichtigen Raum einnimmt. Planen Sie daher Ihre Skizze sorgfältig (siehe gegenüber). Ich wähle stets eine Ausschmückung, die mit der Bordürenzeichnung harmonisiert. Blumen, Blätter, Bänder, Pünktchen, Schnecken, Insekten, kleine Säugetiere und Vögel können geschickt um die Bögen und Geraden des Initials verwoben werden.

## Die Auswahl des Musters

Nachdem die Schrift festliegt, bestimmen Sie die Größe und die Farbe der Bordüre. Sie können mit einer Verzierung des Initials beginnen oder zunächst ein sehr einfaches Eckmuster ausprobieren. Über sie schlichte lineare und geometrische Bordüren, zarte florale Zeichnungen, Bänder und Banner. Einige Ideen dafür finden Sie gegenüber. Experimentieren Sie solange, bis Sie zufrieden sind.

## Übertragen der Zeichnung

Gelegentlich male oder zeichne ich unmittelbar auf der endgültigen Fläche. Solange Sie noch unsicher sind, sollten Sie allerdings lieber die folgende Methode mit Pauspapier verwenden.

1. Nachdem Sie die Zeichnung fertiggestellt und sorgfältig die exakten Maße ermittelt haben, linieren Sie die Seite und schreiben Ihren Text auf das Papier oder Velin. Anschließend können Sie die Zeichnung für die Bordüre auf den endgültigen Malgrund übertragen.

2. Nehmen Sie zum Durchpausen ein neues Pauspapier und einen relativ harten Bleistift. Vergewissern Sie sich, daß die Zeichnung absolut korrekt ist, indem Sie sie über den geschriebenen Text legen. Eventuelle Verbesserungen bringe ich in diesem Stadium an, indem ich Fehler ausradiere und die Linien neu ziehe.

3. Drehen Sie das Pauspapier herum, legen Sie es auf ein großes Blatt Papier, und zeichnen Sie die Linien sorgfältig mit einem weichen Bleistift auf der Rückseite nach – ich selbst verwende dafür einen 2B.

4. Legen Sie Ihre Zeichnung nun mit der rechten Seite nach oben über die Kalligraphie, und ziehen Sie die Linien unter leichtem Druck mit einem harten Bleistift (2H) nach, so daß sich das Muster auf die endgültige Fläche überträgt. Es empfiehlt sich, ein Schutzblatt unter die Hand zu legen, damit das Material nicht verschmutzt.

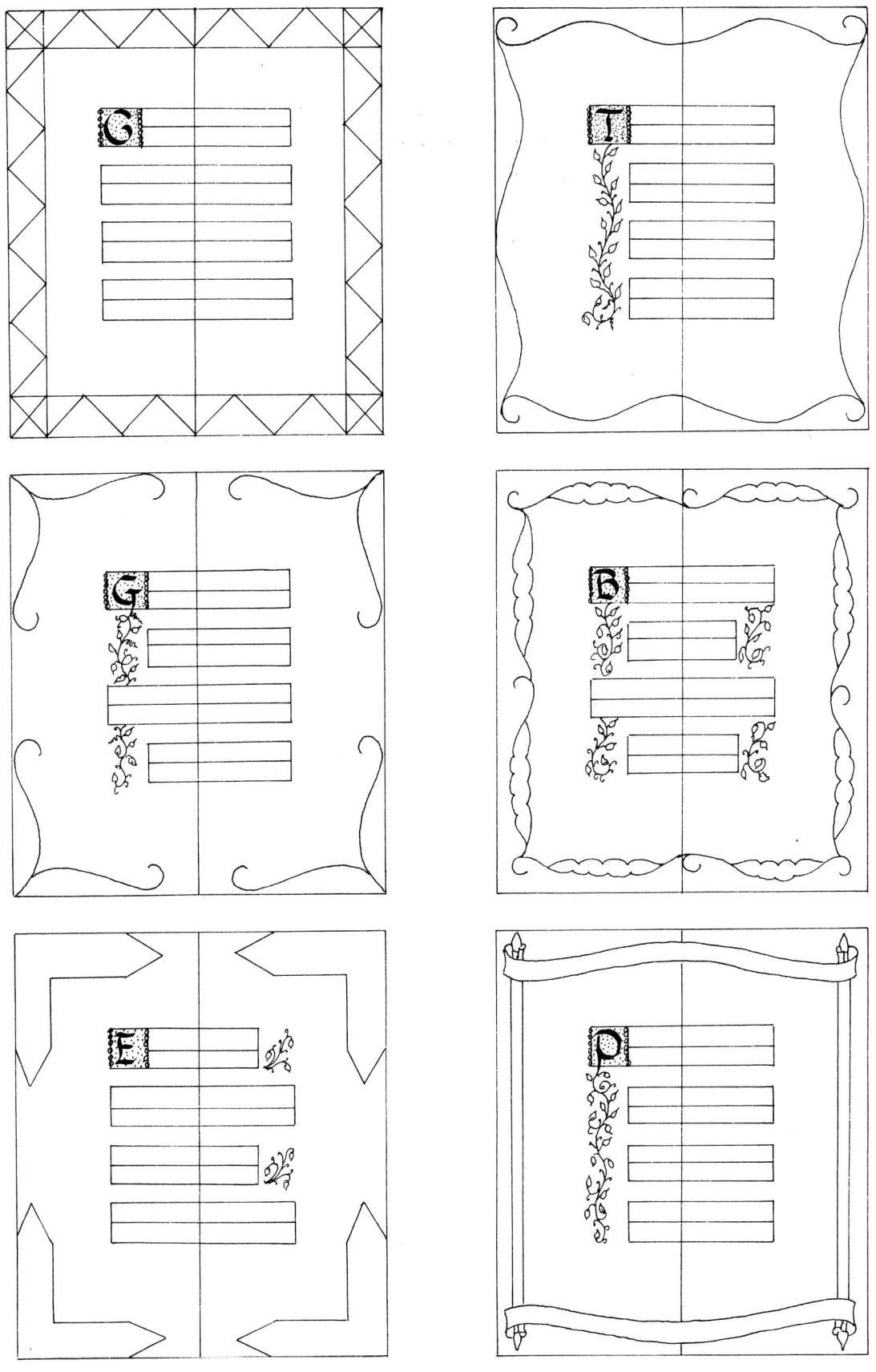

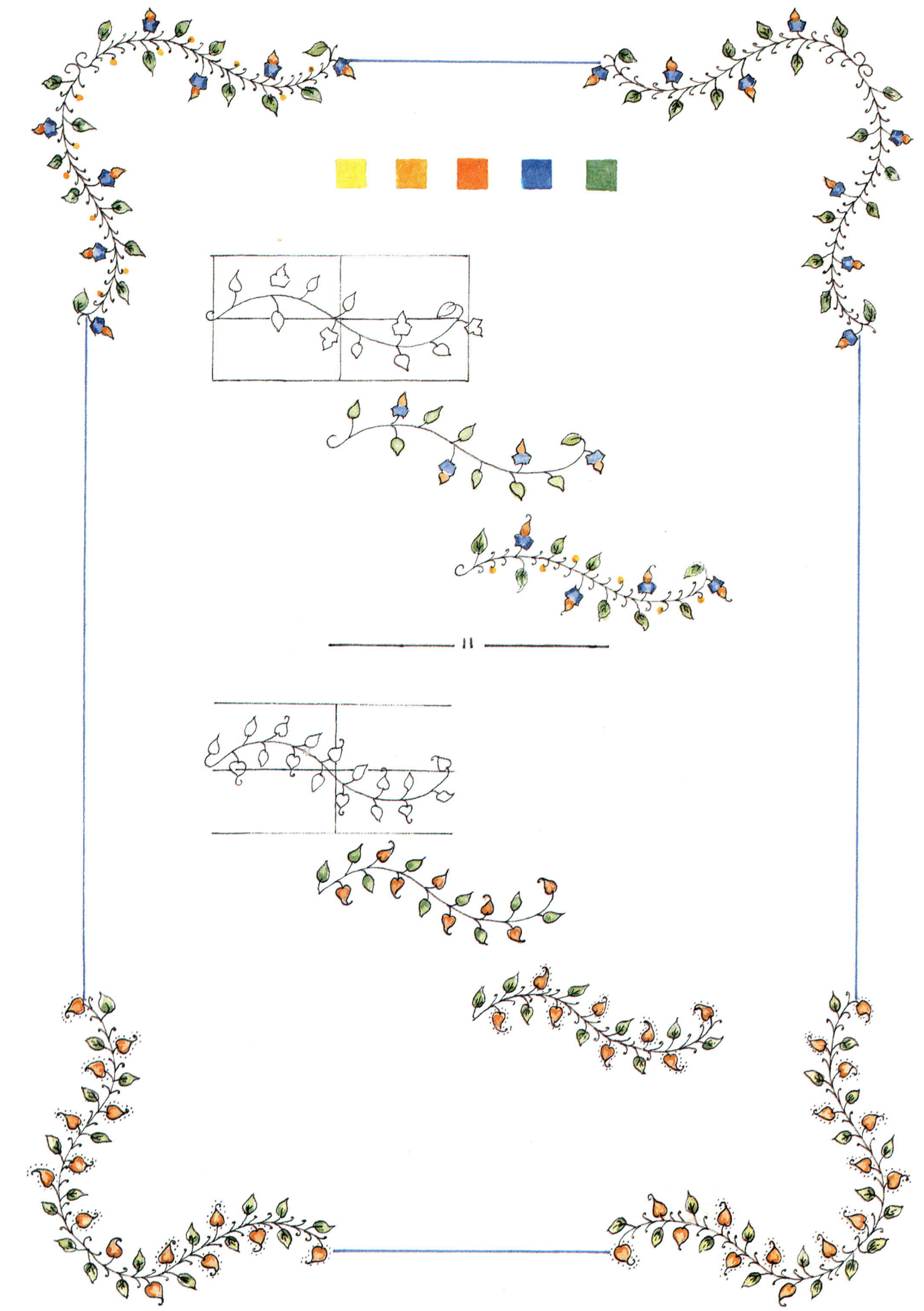

## Wiederholung von Motiven

Möchten Sie ein Motiv wie bei den Zeichnungen gegenüber wiederholen, verwenden Sie ebenfalls die Pausmethode, diesmal jedoch mit einem weichen Bleistift.

1. Markieren Sie die untere linke Ecke des Motivs mit einem Kreuz, und ziehen Sie die Linien auf beiden Seiten des Pauspapiers nach.
2. Übertragen Sie die Zeichnung mit dem Kreuz oben links in die obere linke Ecke des Layouts.
3. Drehen Sie das Pauspapier herum, legen Sie es so an die linke Seite des Layouts, daß das Kreuz in der oberen linken Ecke erscheint, und wiederholen Sie das Verfahren. Verwenden Sie dieselbe Methode für die anderen Ecken.

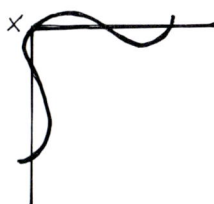

Wie man komplizierte Eckzeichnungen herstellt, sehen Sie auf Seite 57.
Das Motiv kann in dieser Technik um den gesamten Rand wiederholt werden.

## *Anlage von Farben*

Manchmal erzeugt eine einzige weitere Farbe bei einem schwarzen Text bereits eine außerordentliche Wirkung. Ein bißchen Rot oder Gold kann eine Seite entzückend aufhellen. Lieber nicht zu viele Farben verwenden, sonst wird die Seite zu unruhig.

Für zarte Zeichnungen wie jene auf dieser Seite nehme ich am liebsten Aquarellfarben. Während man die erste Lasur anlegt, erkennt man bereits, wie die fertige Zeichnung aussehen wird. Ich probiere meine Farben stets vorab in einem groben Layout aus und versuche, die Seite harmonisch zu gestalten, indem ich Nuancen wähle, die sich ergänzen.

Achten Sie darauf, daß Sie sauberes Wasser zum Mischen und Reinigen der Pinsel zur Hand haben. Mischen Sie immer ausreichend Farbe für die gesamte Zeichnung. Es ist schwierig, genau dieselbe Nuance später noch einmal zu erreichen.

Will ich die Zeichnung mit Tinte umreißen, ziehe ich die Bleistiftstriche vorab mit einer technischen Zeichenfeder nach (der Bleistift kann anschließend ausradiert werden). Weitere Verzierungen kann man noch anbringen, wenn die Farbe angelegt ist.

Für eine einfache Bordüre wie beim folgenden Beispiel lege ich die Farbe in drei Stadien an und arbeite von außen nach innen, so daß meine Hand niemals auf der Schrift liegt. Gleichzeitig lege ich ein Schutzblatt unter die Hand, um Verschmutzungen zu vermeiden.

*Abb. 1*

*Abb. 2*

*Abb. 3*

Zunächst trage ich eine erste Lasur auf und halte die Farben innerhalb der Zeichenlinien (Abb. 1). Anschließend füge ich die entsprechenden Nuancen hinzu (Abb. 2) und zeichne die zusätzlichen Verzierungen oder Bestandteile wie Ranken, Blattadern etc. mit Tinte ein (Abb. 3). Dieses Grundverfahren läßt sich bei fast allen einfachen Zeichnungen anwenden.

Wollen Sie die Zeichnung nicht mit Tinte umreißen, können die sichtbaren Bleistiftstriche ausradiert werden, sobald die Farbe restlos getrocknet ist. Dies muß sehr sorgfältig geschehen, damit nicht gleichzeitig Farbe entfernt wird.

# Goldauftrag

Es gibt eine ganze Reihe von Goldstiften, Tinten und Farben, die jedoch mit der Zeit matt werden oder nachdunkeln. Ich verwende sie für meine Entwürfe, wenn ich die Farben auswähle. Sie eignen sich auch für Glückwunschkarten, Einladungen und Kleinigkeiten, die nicht lange aufbewahrt werden.

Muschelgold, auch Malergold genannt, wird mit destilliertem Wasser gelöst und ist beständiger. Man kann es aus echtem Goldpulver herstellen oder gebrauchsfertig kaufen. Allerdings ist es ziemlich teuer. Das Selbermachen ist heikel, deshalb empfehle ich das Fertigprodukt. Das Gold wurde ursprünglich in kleinen Muscheln verkauft, daher sein Name. Heute ist es in Kunststoffnäpfen oder in Tablettform erhältlich. Ich verwende gelegentlich Muschelgold für meine Bordüren, denn es eignet sich ideal für kleine Punkte und besonders zarte Arbeiten. Ist das Muschelgold zu dünn, kann es in andere Farben verlaufen. Man verdickt es, indem man ihm eine kleine Menge Gummiarabikum beimischt. Ich trage es immer erst nach den anderen Farben auf, eben weil es so leicht verläuft. Nach dem Trocknen kann man es polieren. Tinte, Aquarellfarbe und Muschelgold können mit einem feinen Rotmarderpinsel aufgetragen werden. Allerdings sollte der Pinsel für das Gold ausschließlich diesem Zweck vorbehalten bleiben.

Normalerweise arbeite ich lieber mit Blattgold, obwohl das Auftragen etwas komplizierter ist. Doch das hübsche Endergebnis ist die Extramühe wert. Blattgold ist billiger als Muschelgold und in den meisten guten Künstlergeschäften erhältlich.

## *Hinweise zum Auftragen von Blattgold*

Man sollte das Auftragen von Blattgold auf einem Extrablatt üben, bevor man die Technik an einer fertigen Zeichnung versucht, denn sie ist nicht ganz einfach.

Enthält meine Seite mit handgeschriebenem Text nur ein Schmuckinitial, trage ich das Gold grundsätzlich als erstes auf. Soll eine ganze Seite ausgeschmückt werden, ziehe ich es vor, die Vergoldung zum Schluß vorzunehmen. In beiden Fällen darf man das Gold anschließend keinesfalls mehr berühren. Jedes zufällige oder absichtliche Anfassen läßt es matt werden. Arbeiten Sie daher immer von außen nach innen, legen Sie ein Schutzblatt unter die Hand, und decken Sie die fertige Zeichnung ab, um Verschmutzungen zu verhindern.

### Material

Feiner Rotmarderpinsel
wasserlöslicher Goldleim (oder Gips)
Block Blattgold
kleine scharfe Schere
Pinzetten
dünnes Papier
Cutter
weicher Flachpinsel, Glättzahn

Zum Auftragen von Blattgold verwende ich Leim oder Gips. Er wird wie die Farbe in kleinen Tiegeln verkauft und sorgt für eine klebrige Fläche, auf die man das Gold drückt.

Vor dem Auftragen müssen der Leim oder der Gips mit Wasser verdünnt werden. Die Mischung sollte ziemlich flüssig sein, so daß sie gleichmäßig auf das Papier aufgetragen werden kann. Halten Sie die Fläche absolut sauber, sonst haftet das Blattgold nicht darauf.

Blattgold ist entweder als kleiner Block mit wenigen Blättern oder als dickes Buch erhältlich.

Es gibt zahlreiche Sorten von Glättzähnen. Mit ihnen wird das Gold poliert.

## Das Verfahren

1. Blattgold muß auf einer flachen, sauberen, harten Unterlage aufgetragen werden. Auf einer schrägen Fläche würde der Leim verlaufen und unten auf der Zeichnung Klumpen bilden.

2. Vergewissern Sie sich, daß das gesamte Material zur Hand ist, und zeichnen Sie Ihr Motiv.

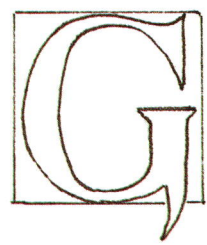

3. Mischen Sie den Leim (oder den Gips) mit Wasser, und tragen Sie ihn gleichmäßig auf das Papier oder Velin auf. Sollten sich winzige Blasen bilden, stechen Sie diese mit einer Nadel ein. Lassen Sie die Fläche solange trocknen, bis sie beim Anfassen leicht klebt und eine geeignete Unterlage für das Blattgold bildet. Wollen Sie mehrere Stellen vergolden, bestreichen Sie zunächst alle mit Leim.

4. Nachdem die Leim- oder Gipsfläche fertig ist, schneiden Sie mit einer scharfen, sauberen Schere das Blattgold etwas größer zu als die benötigte Fläche. So haben Sie die Garantie, daß die gesamte Stelle wirklich abgedeckt wird. Schneiden Sie sowohl das Blattgold als auch das Rückenblatt, und halten Sie das zugeschnittene Stück mit zwei Pinzetten fest. Berühren Sie das Gold nicht, da es vom Hautfett matt werden könnte.

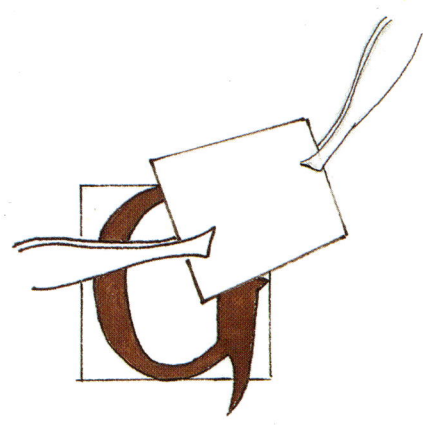

5. Da der Leim oder Gips ziemlich feucht und klebrig ist, blasen Sie zunächst ein paarmal darüber. Drücken Sie das Blattgold anschließend vorsichtig mit der Vorderseite nach unten auf den Leim oder Gips. Lassen Sie das Rückenpapier noch an Ort und Stelle.

6. Legen Sie ein dünnes Blatt Papier auf das Rückenpapier, und drücken Sie es leicht mit den Fingerspitzen an. Übertragen Sie das Gold mit der Spitze des Glättzahns auf die Zeichnung. Reiben Sie so gleichmäßig und rasch wie möglich mit der Glättsteinspitze über die gesamte Zeichenfläche und alle Kanten.

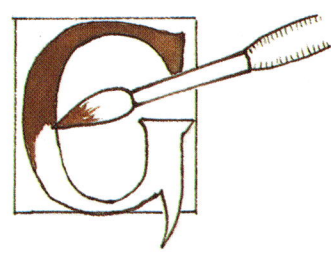

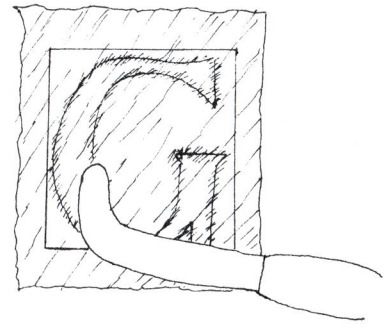

7. Ziehen Sie das dünne „Reibepapier" und das Rückenblatt ab, und entfernen Sie eventuelle Goldkrümel mit einer weichen Bürste, die ausschließlich diesem Zweck vorbehalten bleibt.

8. Ausgezackte Goldränder können durch Kratzen mit einem scharfen Messer ausgeglichen werden.

9. Nachdem der Leim getrocknet ist, sollte das Gold poliert werden. Warten Sie also mindestens eine Viertelstunde, bevor Sie damit beginnen. Versichern Sie sich, daß Ihr Glättstein absolut sauber ist, sonst könnte er die Oberfläche beschädigen.

Reiben Sie mit leichten, kreisförmigen Bewegungen des Glättsteins über das Gold, bis es sich glatt anfühlt, und fahren Sie anschließend in gerader Linie fort, so daß es schön blank wird.

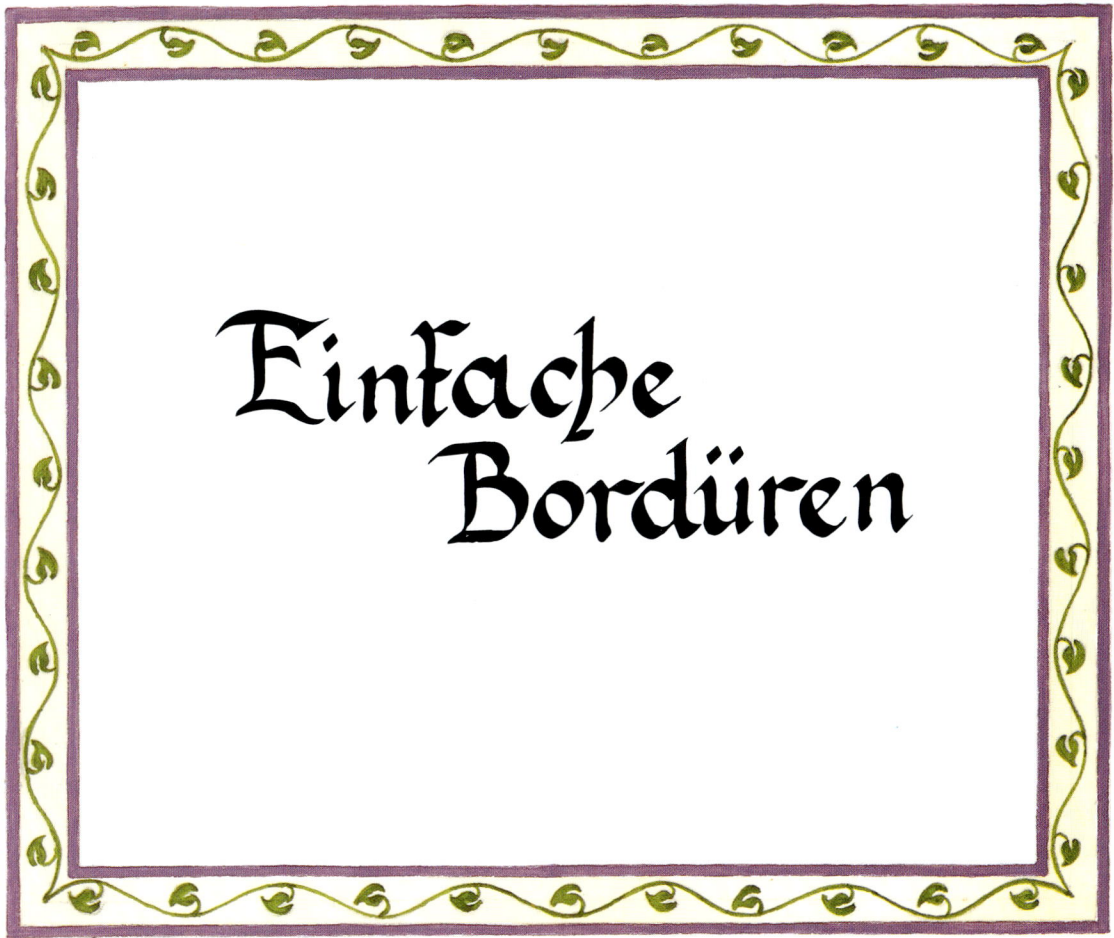

### *Blattbordüre*

Purpurne Linien bilden einen hübschen Rahmen für die leichte Lasur und das schlichte Blattmuster. Die erforderlichen Techniken für die Bordüren in diesem und dem folgenden Abschnitt finden Sie auf den Seiten 11 bis 20.

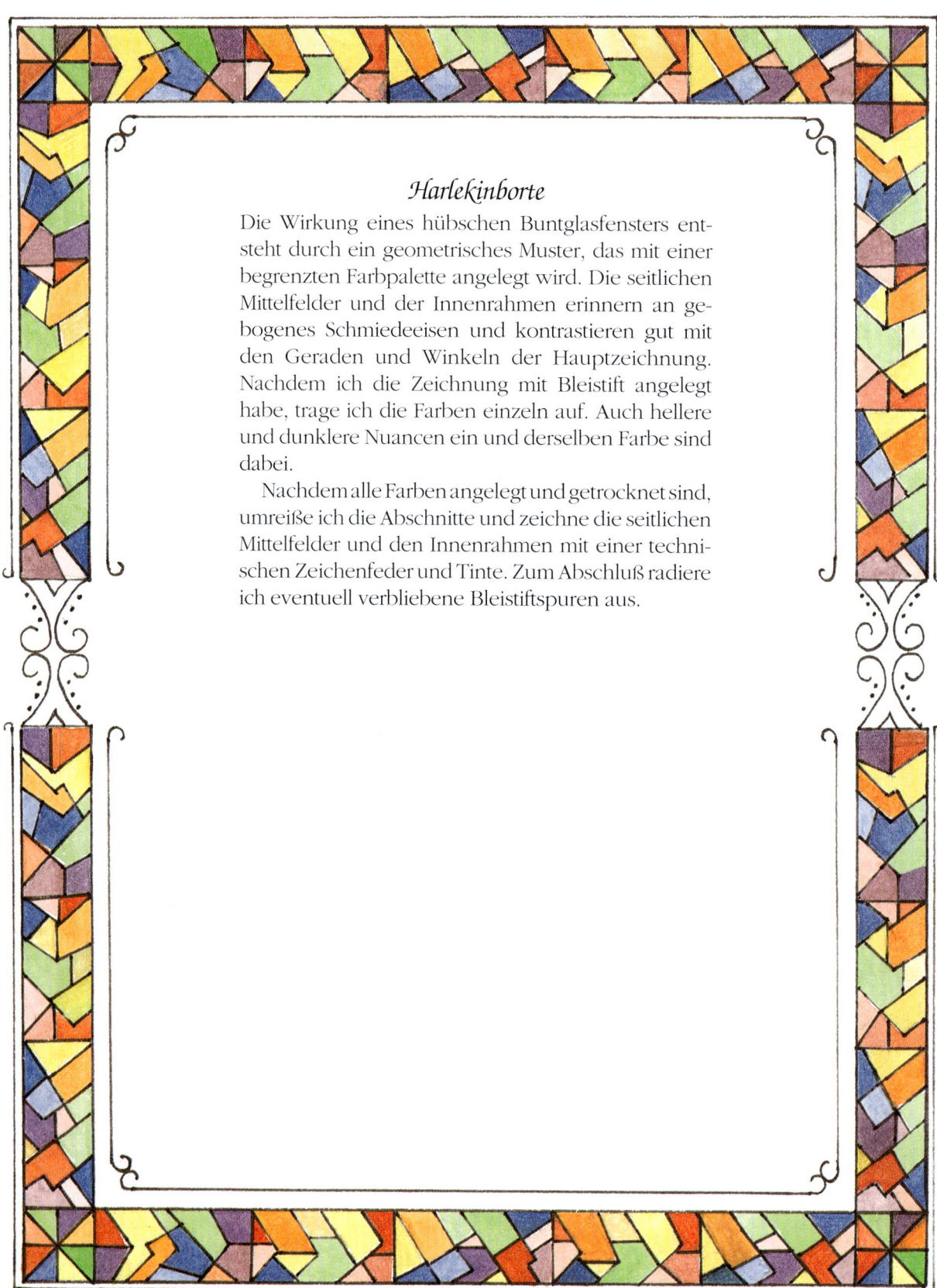

### *Harlekinborte*

Die Wirkung eines hübschen Buntglasfensters entsteht durch ein geometrisches Muster, das mit einer begrenzten Farbpalette angelegt wird. Die seitlichen Mittelfelder und der Innenrahmen erinnern an gebogenes Schmiedeeisen und kontrastieren gut mit den Geraden und Winkeln der Hauptzeichnung. Nachdem ich die Zeichnung mit Bleistift angelegt habe, trage ich die Farben einzeln auf. Auch hellere und dunklere Nuancen ein und derselben Farbe sind dabei.

Nachdem alle Farben angelegt und getrocknet sind, umreiße ich die Abschnitte und zeichne die seitlichen Mittelfelder und den Innenrahmen mit einer technischen Zeichenfeder und Tinte. Zum Abschluß radiere ich eventuell verbliebene Bleistiftspuren aus.

## *Pfeilspitzenbordüre*

Inspiriert von den Pfeilspitzen der Indianer Nordamerikas, habe ich diese einfache Bordüre entworfen und dazu mehrere kontrastierende Farben über eine sehr leichte, blasse Lasur gelegt. Ich trage eine Farbe nach der anderen um den gesamten Rand, arbeite von hell nach dunkel und hebe mir die Ecken bis zum Schluß auf. Nachdem die Farben getrocknet sind, ziehe ich mit Lineal und technischer Zeichenfeder die schwarzen Außenlinien und radiere eventuelle Bleistiftspuren aus.

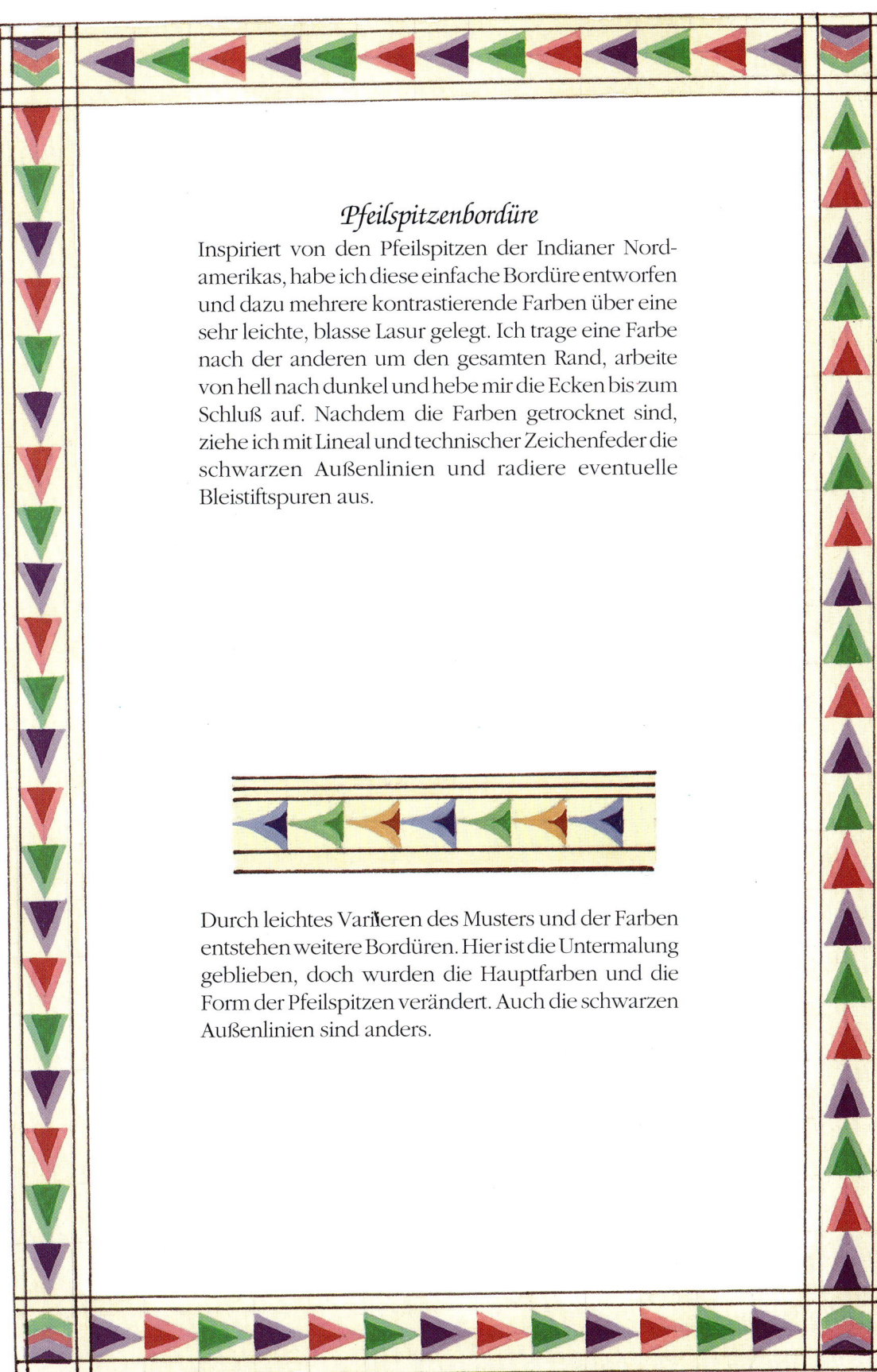

Durch leichtes Variieren des Musters und der Farben entstehen weitere Bordüren. Hier ist die Untermalung geblieben, doch wurden die Hauptfarben und die Form der Pfeilspitzen verändert. Auch die schwarzen Außenlinien sind anders.

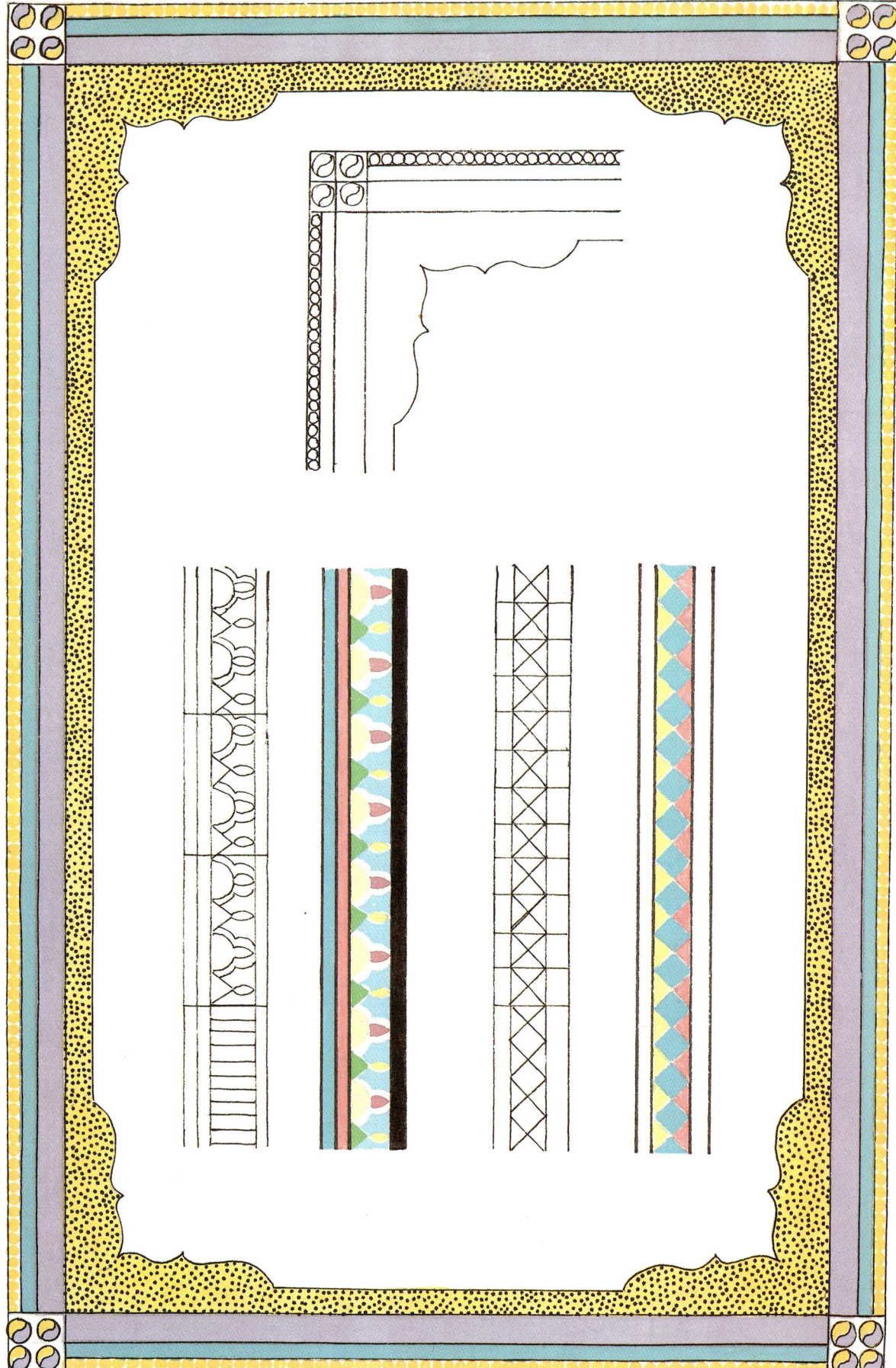

◁ *Orientalische Bordüre*

Dieselben Farben für drei völlig verschiedene Muster. Ich spiele häufig mit unterschiedlichen Ideen und Farben auf Schmierpapier. Die große äußere Bordüre, die sich auf ein orientalisches Muster stützt, ist das Ergebnis einer solchen „Spielerei". Das Muster wird um den Innenrand aufgebaut, dessen Ecken an Stützbalken erinnern. Nachdem die Farben angelegt und die gesamte Bordüre getrocknet ist, zeichne ich die schwarzen Linien und die Punkte mit der technischen Zeichenfeder.

Das Muster innen rechts taucht oben wieder auf, und aus der Zeichnung innen links geht hervor, wie aus Geraden und Bögen ein hübsches Muster entsteht.

*Rautenbordüre* △

Eine dreidimensionale Wirkung entsteht, wenn man die Bordüre kräftig mit einer kontrastierenden Farbe umreißt. Diese schlichte Rautenzeichnung basiert auf einer Reihe von Kreuzen, wobei die Ecken wieder durch „Klammern" betont werden (siehe gegenüber). Nachdem die Farben angelegt und getrocknet sind, zeichne ich die schwarzen Linien und die Punkte mit der technischen Feder und radiere die verbliebenen Bleistiftspuren aus.

## Liebesknoten

Dieselbe Grundidee und dieselbe Technik wie auf der Vorseite mit einer anderen Farbskala ergibt diesen einfachen Rahmen. Die Schlingen und Bögen des Liebesknotens kontrastieren gut mit den geraden Linien der Umrandung.

### *Ahornblattbordüre*

Ein einzelnes Ahornblatt, das innerhalb einer ganzen Reihe von Paneelen wiederholt wird, bildet die Grundlage dieses hübschen Musters. Bevor Sie die Farben anlegen, sollten Sie auf einem Extrablatt üben, wie sie verschmelzen. Farben wie diese verdünne ich mit Wasser, trage sie mit einem ziemlich dicken Pinsel auf und lasse sie innerhalb der Begrenzungen verfließen.

Die Dreiecke an den Enden der Streifen male ich zuletzt. Nachdem die Farben getrocknet sind, ziehe ich die Linien mit der technischen Zeichenfeder und radiere eventuelle Bleistiftstriche aus.

## *Lesezeichen*

Im Gegensatz zu Aquarellfarbe ist Gouache deckend. Auf farbigem Grund ziehe ich daher Gouache vor. Hier zeige ich, wie man Lesezeichen mit einfachen Bordüren in ein wertvolles persönliches Geschenk verwandelt. Es gibt sehr hübsches farbiges Papier und hübsche Pappe. Außerdem lassen sich schlichte gekaufte Lesezeichen auf diese Weise verzieren. Dabei kann eine einfarbige Bordüre ebenso wirkungsvoll sein wie eine Ausschmückung mit zahlreichen kontrastierenden Farben.

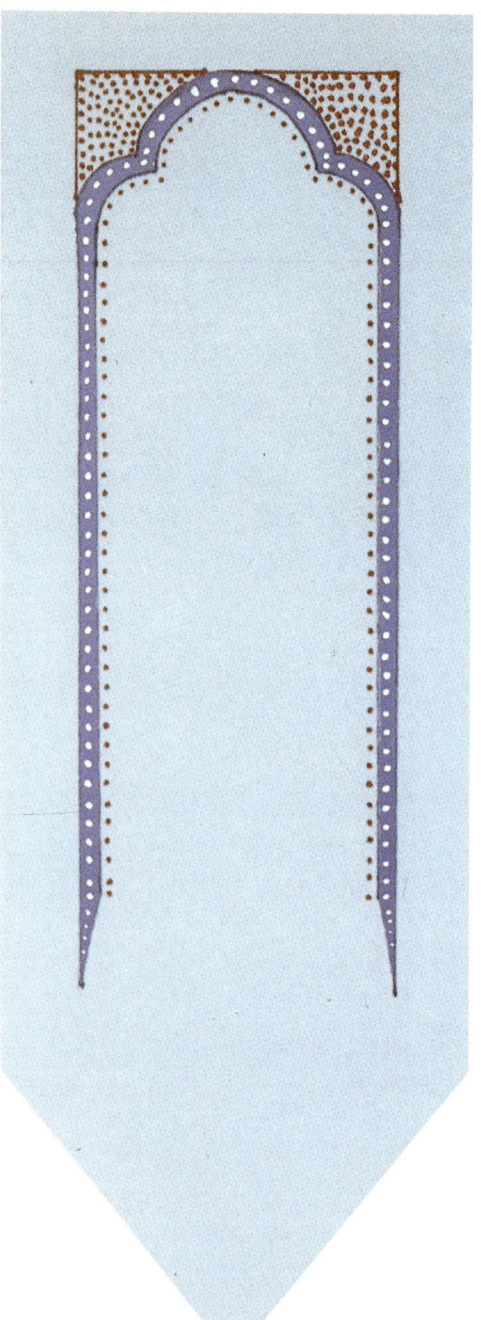

Aus Punkten, Linien und Bögen entsteht ein interessantes Muster. Dunkle Farben auf hellem Hintergrund sind außerordentlich wirkungsvoll.

Einfache zwei- oder dreifarbige Umrandungen wie die beiden obigen können zur Verzierung von Namen oder Mitteilungen an Verwandte und Freunde dienen.

### *Grußkarten*

Winzige Blüten und Blätter ergeben ein hübsches Muster. Ich verwende sie häufig für Karten an Verwandte und Freunde. Entweder kaufe ich fertige Karten oder stelle diese selber aus buntem Kartonpapier her. Schmücken kann man die Nachrichten und die Ränder mit Aquarellfarben, Gouache, Tinte, Filzstift etc.

### Bordüren mit Wildblumen

Ich fand diese Blumen in meinem eigenen Garten. Zunächst skizziere ich sie und stelle die Skizzen zu einem natürlich fließenden Muster zusammen. Die Ecken schmücke ich mit Blüten. Nachdem ich das Muster mit Bleistift vorgezeichnet habe, trage ich die Farben nacheinander auf und ziehe nach deren Trocknen die Linien mit einer technischen Feder. Zum Abschluß radiere ich eventuell sichtbare Bleistiftstriche wieder aus.

## Blüten, Blätter und Stengel

Seit Jahrhunderten dienen Pflanzen Künstlern und Illustratoren als Quelle der Inspiration. Zarte Blüten, Blätter, Stengel und Ranken können mühelos um jede schwierige Lücke oder Ecke gewunden werden. Ich sehe mir die Pflanzen zunächst aufmerksam an und arbeite nach Skizzen oder Fotos. Das Muster baue ich anhand eines groben Layouts auf und gehe dabei nach der Methode auf der Seite gegenüber vor.

Die Abbildungen a, b und c zeigen, wie die Farben, die Nuancen und die Details langsam aufgebaut werden. Die anderen Zeichnungen auf dieser Seite wurden in derselben Technik angefertigt. Sämtliche basieren auf Studien, die ich von Pflanzen und Blumen gemacht habe.

## Erweiterung der Zeichnung

Gegenüber sehen Sie, wie man Ecken mit gewundenen Stengeln, Blättern und Blüten schmücken kann. Diese lassen sich ganz natürlich am Rand entlang verlängern. Zeichnen Sie Rohentwürfe, und üben Sie die Anlage von Pflanzen um Ecken. Benutzen Sie dafür die aufgeführten Muster und Hilfslinien, und verlängern Sie diese entlang den geraden Rändern.

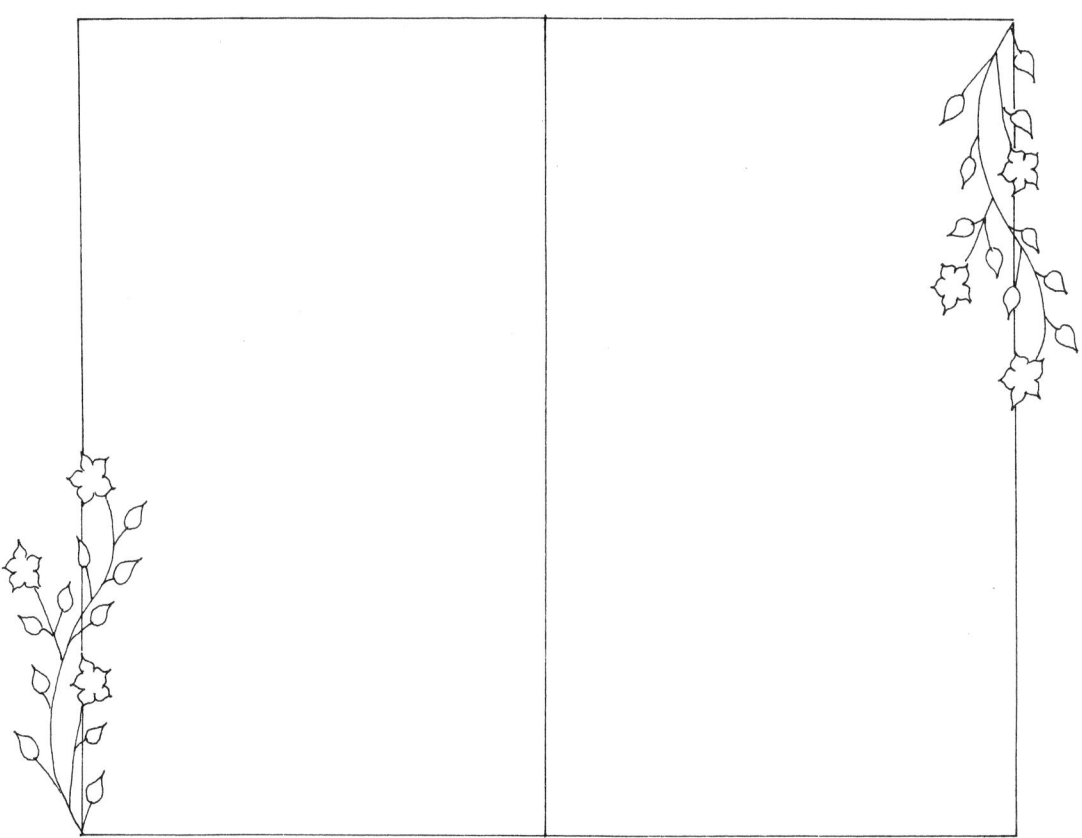

### *Scharlachrote Pimpernellenbordüre*

Entzückende Bordüren erreicht man durch einfaches Wiederholen eines Musters aus zarten Blüten und Blättern.

Nachdem ich meinen Text und das Muster ausgewählt und die Maße anhand meines Rohentwurfs bestimmt habe, übertrage ich die Zeichnung auf meine endgültige Unterlage. Bei der Bordüre gegenüber werden die Rot- und Grüntöne mit kleinen Punkten aus Muschelgold betont. Um der Zeichnung Halt zu geben, verbinde ich die Blumenmuster durch eine Gerade, die ich mit einer sehr feinen Zeichenfeder und roter Farbe ziehe.

Mit dem obigen Muster können Sie eigene schlichte Entwürfe anfertigen. Verwenden Sie zum Aufbau Ihrer Zeichnung die Kopiermethode von Seite 17.

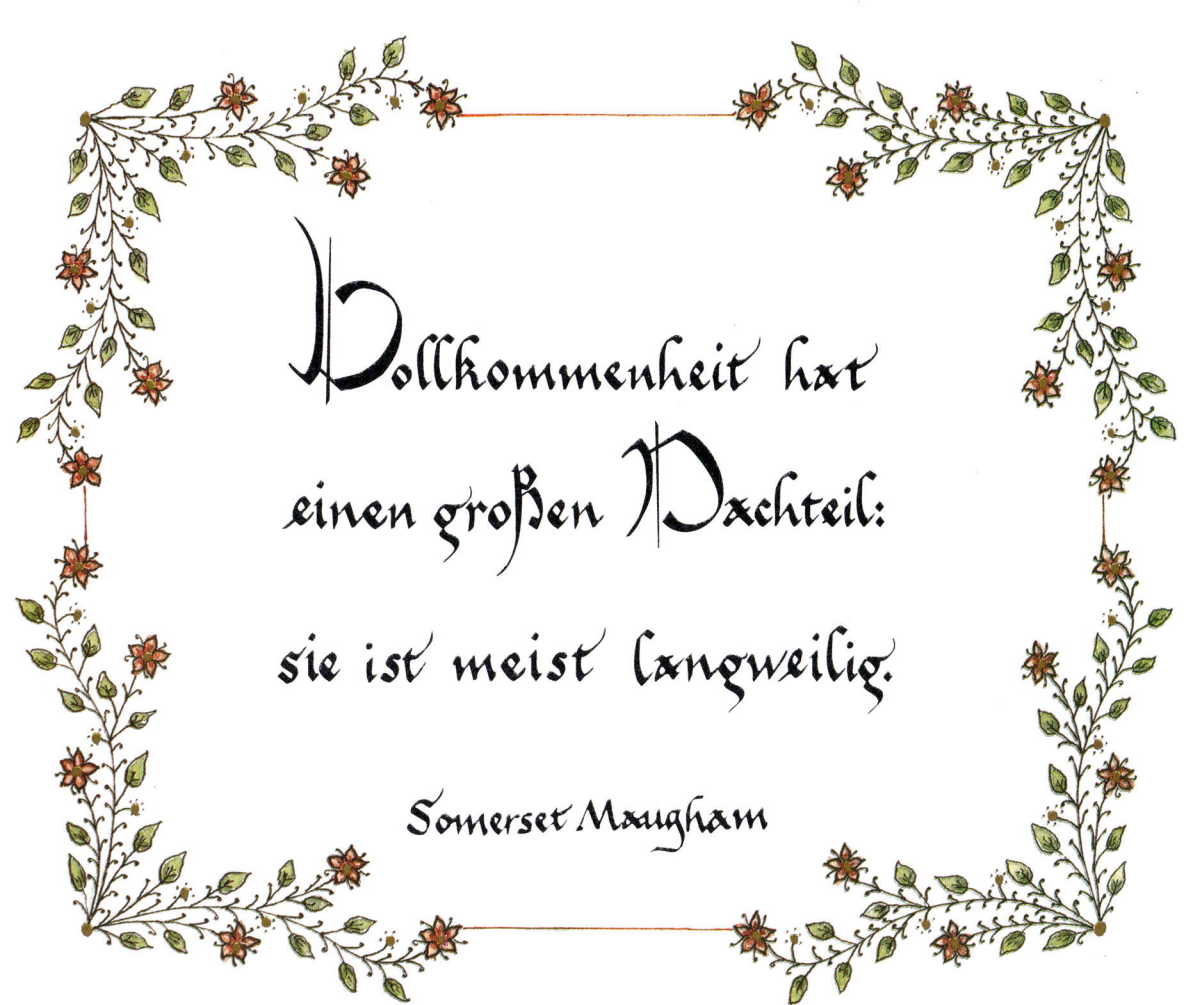

Vollkommenheit hat einen großen Nachteil: sie ist meist langweilig.

Somerset Maugham

Auf des Glückes
　　　großer Waage
Steht die Zunge
　　　selten ein.
Du mußt steigen
　　　oder sinken.
Du mußt herrschen
　　　und gewinnen
oder dienen und verlieren.
　　Leiden oder triumphieren.
　　Amboß oder Hammer sein.

　　　　　Johann Wolfgang von Goethe

◁ *Rote Beerenbordüre*

Durch Wiederholung eines Musters lassen sich schmale und breite Bordüren anfertigen. Nachdem der Text auf die endgültige Unterlage geschrieben ist, lege ich die Zeichnung und die Farben an und betone jede Ecke mit kleinen Punkten aus Muschelgold. Zur Vervollständigung der Bordüre ziehe ich zu beiden Seiten mit einer feinen Zeichenfeder und roter Farbe die Doppellinien.

*Glockenblumenbordüre* △

Winzige rote Beeren und halb stilisierte Glockenblumen schmücken Stiele und Blätter, die sich um die rechtwinkligen Ecken winden. Ich arbeite gern mit einer begrenzten Palette und habe für dieses Blütenmuster nur drei Farben verwendet. Es wird an allen vier Ecken wiederholt, so daß die Zeichnung Rhythmus und Gleichgewicht erhält.

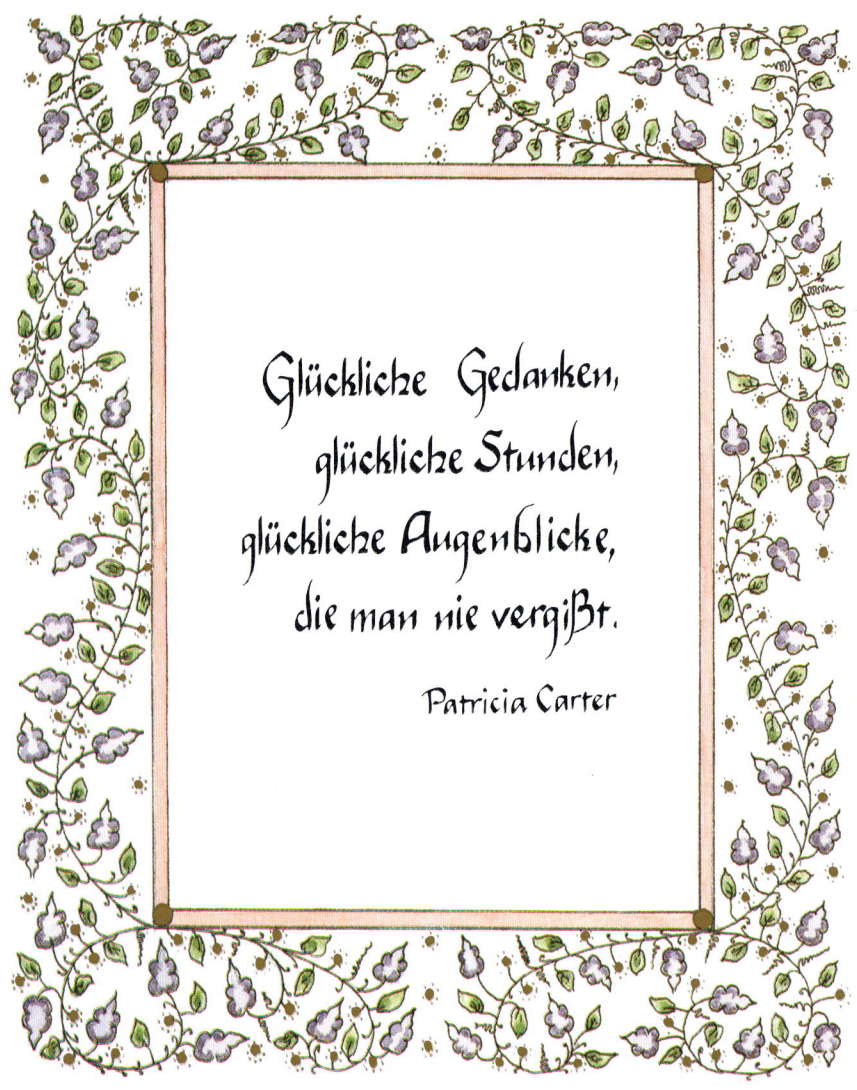

## Halb stilisierte Bordüre ⇧

Pflanzen können auf vielerlei Weise um rechtwinklige Ecken gelegt werden. Hier berühren die Blüten, Ranken und Stengel nur den äußeren Rand. Die zarten Purpur-, Rosa- und Grünnuancen werden mit Pünktchen aus Muschelgold betont.

## Rosenbordüre ⇨

Blumen können auf unterschiedlichste Weise angelegt werden. Als Kontrast zu den bisherigen halb stilisierten Blüten habe ich hier ein freies Muster gezeichnet, das ganz nach Wunsch verlängert oder verkürzt werden kann. Die Zeichnung ist auf beiden Seiten nicht gleich. Doch die Farben sind sorgfältig ausgewogen, so daß ein Gefühl von Harmonie entsteht.

Nachdem der Text geschrieben und das Initial geschmückt ist, trage ich Aquarellfarbe auf das innere Rosenmuster und male die Randzweige mit Gouache.

Man kann nicht tausend Tage nur Gutes erleben, wie die Blume nicht hundert Tage blühen kann.

TSENG·KUANG

## Stilisierte Weinranken

Diese Bordüren basieren auf einer Reihe von Kreisen, durch die sich der Wein rankt. Für die Ecken nimmt man stärker stilisierte Blüten, die mit der übrigen Zeichnung verbunden werden. Eine einzige durchgehende Farbe kann ebenso wirkungsvoll sein wie eine bunte Kolorierung. Entwerfen Sie anhand der Kreise Ihr eigenes Muster, und halten Sie sich dabei an die Vorlage als Leitfaden.

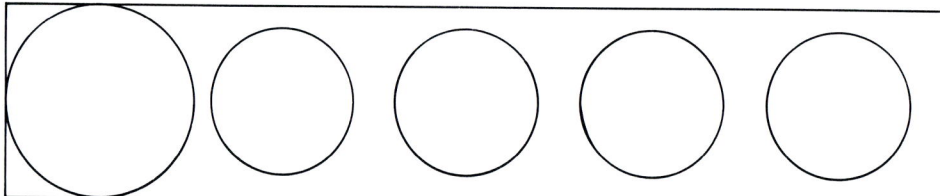

Die Kreise, die die Grundlage meines Musters bilden, zeichne ich mit einem Zirkel oder einer Schablone.

Hier habe ich mit einer sehr feinen Zeichenfeder und roter Farbe ein zartes einfarbiges Design entworfen.

Ein hübsches Muster ist aus dieser begrenzten Palette entstanden.

## *Umrandete Bordüren*

Grünpflanzen und Blumen können mit goldenen oder schwarzen Linien umrandet und mit einer hellen Lasur unterlegt werden, um das Design hervorzuheben. Die drei Muster auf dieser Seite sind gleich breit, wurden aber unterschiedlich ausgeführt.

Bei allen habe ich zunächst die Lasur angelegt und anschließend nacheinander die Farben aufgetragen. Zum Abschluß habe ich mit der technischen Zeichenfeder die schwarzen Linien gezogen.

Dieses stilisierte Traubenmuster basiert auf kleinen Kreisen und besitzt ein Mittelmotiv.

Auch dieses Design basiert auf Weinranken, jedoch ist das kreisförmige Muster offener und verläuft zusammenhängend.

Efeu inspirierte mich zu diesem Muster.

### *Halb stilisierte Blumenbordüren*

Auch dieses Filigrandesign, das mit Punkten aus Muschelgold betont wird, basiert auf Kreisen. Das Motiv kann abgeändert und auch mit anderen Blumen und Eckmotiven dargestellt werden. Unten sehen Sie eine Alternative mit derselben Farbenskala.

### *Kreisförmige Eckmotive*

Auf meinen Spaziergängen zu den Geschäften im Dorf betrachte ich gern die Blumen und Pflanzen, die die Hecken Norfolks verschönern. Die zwölf stilisierten Eckmotive gegenüber entstanden aus Blumen, die ich auf diese Weise entdeckt habe, und aus Pflanzen aus meinem Garten.

Bei der Anfertigung dieser Zeichnungen auf dem Zeichenbrett stelle ich zunächst eine Schablone mit dem Zirkel her und messe die Punkte, die die Grundlage für das Muster bilden, während der Arbeit sorgfältig nach.

### Buntes Bouquet

Hier verbinde ich stilisierte Eckmotive mit offenen Bordüren, deren Muster auf unterschiedlich großen Kreisen beruht. Blüten, Blätter und Gräser werden mit Aquarellfarben koloriert. Nachdem die Farben getrocknet sind, stelle ich die Eckmotive mit einer feinen Zeichenfeder und roter Tinte her.

### Festliche Bordüren

Dieses hübsche, zart kolorierte Blattdesign ist mit Schleifen und Girlanden geschmückt. Eicheln und Eichenblätter verzieren den unteren Rand. Eine solche Bordüre könnte leicht überladen wirken. Deshalb habe ich die Anzahl der Farben auf ein Minimum beschränkt und um die ganze Bordüre verteilt, so daß ein Gefühl von Rhythmus und Harmonie entsteht.

Für die Blumen und Bänder in der oberen Hälfte und die Eichenblätter auf der Grundlinie verwende ich Aquarellfarbe. Gouache benötige ich für das stilisierte purpurne und braune Blattmuster.

## *Einfache Übungen*

Bänder, Banner und Seile können auf vielerlei Weise zu ungewöhnlichen, hübschen Mustern zusammengestellt werden. Einzeln verwendet, oder in Verbindung mit Blättern, Blumen und weiteren Motiven lassen sich einfache Nachrichten und Zitate damit verzieren.

Eine einfache Übung: schneiden Sie einen Streifen aus festem Papier, falten Sie ihn entsprechend der Vorlage, und öffnen Sie ihn wieder. Anhand dieses Modells erhalten Sie eine Vorstellung vom Spiel von Licht und Schatten, so daß der Eindruck eines Bandes oder Banners entsteht. Stellen Sie Rohentwürfe davon her, oder kopieren Sie meine Zeichnung.

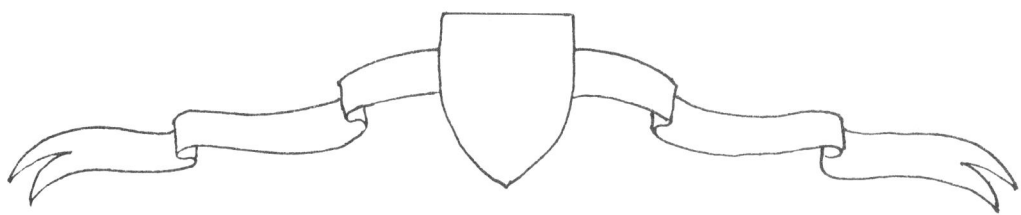

In die Mitte der Zeichnung kann man ein Wappenschild mit einem offiziellen Motiv legen.

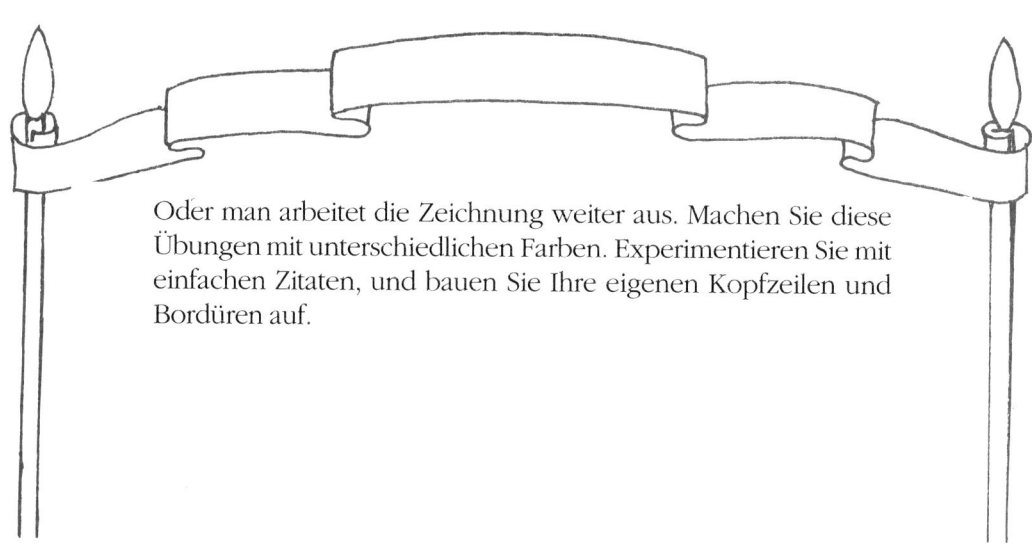

Oder man arbeitet die Zeichnung weiter aus. Machen Sie diese Übungen mit unterschiedlichen Farben. Experimentieren Sie mit einfachen Zitaten, und bauen Sie Ihre eigenen Kopfzeilen und Bordüren auf.

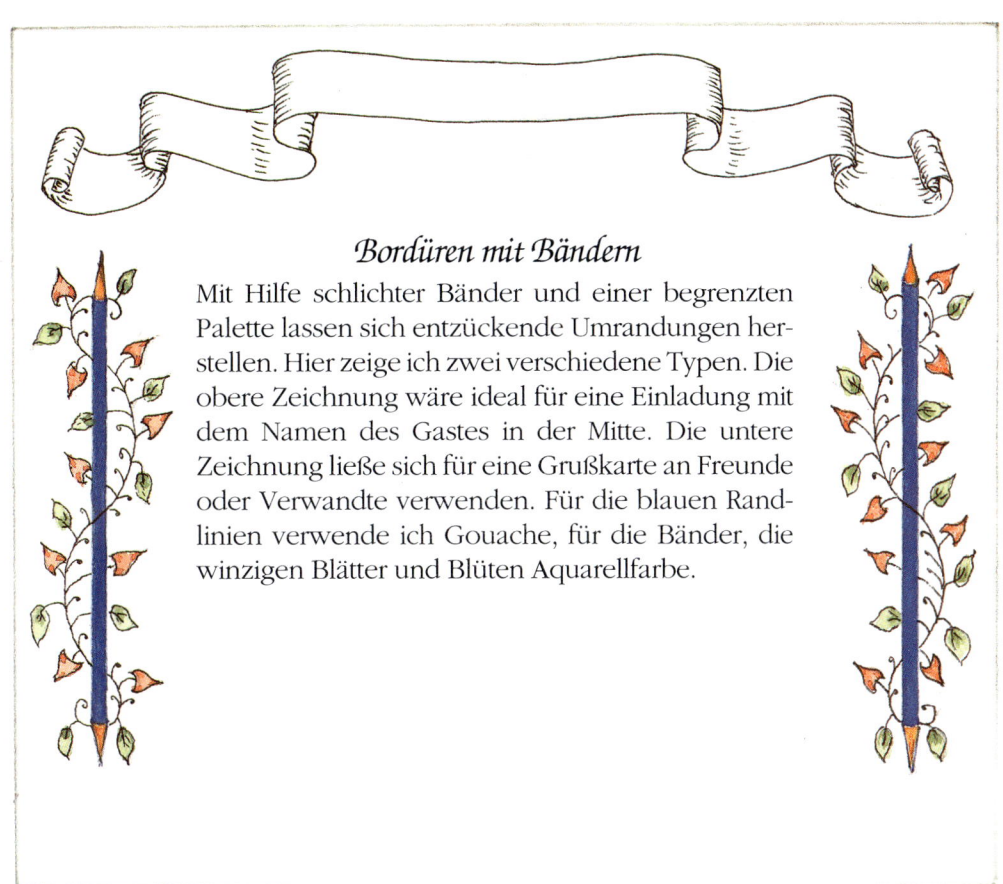

*Bordüren mit Bändern*

Mit Hilfe schlichter Bänder und einer begrenzten Palette lassen sich entzückende Umrandungen herstellen. Hier zeige ich zwei verschiedene Typen. Die obere Zeichnung wäre ideal für eine Einladung mit dem Namen des Gastes in der Mitte. Die untere Zeichnung ließe sich für eine Grußkarte an Freunde oder Verwandte verwenden. Für die blauen Randlinien verwende ich Gouache, für die Bänder, die winzigen Blätter und Blüten Aquarellfarbe.

*Der Mensch hat nichts so eigen,
so wohl steht ihm nichts an,
als daß er Treu' erzeigen und*

# Freundschaft

*halten kann.*

Simon Dach

### Bänder mit Stiefmütterchen

Aus Blumen und Bändern lassen sich entzückende lockere Umrandungen schaffen, die sich für Grußkarten oder Partyeinladungen eignen. Für die Blumen verwende ich Aquarellfarben und trage sie nacheinander auf. Nach dem Trocknen der Farbe betone ich die Blüten hier und da mit feinen weißen Gouachestrichen. Nachdem die Ecken getrocknet sind, male ich die Schleifen und Bänder ebenfalls mit Gouache.

Schönheit und Vollkommenheit
wechseln und vergehen.
Nur was einfach und natürlich,
bleibt bestehen.

G. SEGANTINI

*Bänder mit Anemonen*

Dasselbe Grundmuster wirkt mit anderen Blumen oder Farben ganz anders. Hier verwende ich dieselben Farben wie gegenüber, ändere aber deren Folge. Die Bordüren können nach Wunsch verlängert oder verkürzt werden.

### *Bänder mit Rosen*

Bei diesem Beispiel liegt die Betonung auf den Rändern und nicht auf den Ecken. Das ausgewogene, harmonische Design entsteht aus einzelnen gelben Rosen, die mit Bändern und Schleifen umschlungen werden. Das Muster läßt sich verlängern, indem man die Rose zu beiden Seiten ein- oder mehrmals wiederholt.

### Bänder mit Blättern

Blätter und winzige, wie zufällig gezeichnete Gräser schmücken diese Bänder. Die Gräser und die Details der Blätter werden mit einer sehr feinen Zeichenfeder in einer dunkleren Nuance der Blattfarbe gezeichnet. Das Spiel von Licht und Schatten an den Bändern und Schleifen entsteht aus winzigen Pinselstrichen.

## Bordüren mit Seilen

Auf ihren langen Reisen vertrieben sich die Seeleute früher die Zeit mit Malen, Sticken und sonstigen Handfertigkeiten. Da die Umgebung sie nur begrenzt inspirieren konnte, bezogen sie häufig Seile und Knoten in ihre Zeichnungen und Muster ein. Diese Bordüre wird von vier Miniaturen geschmückt. Jedes Bild zeigt ein anderes Segelschiff, wobei die Kreise mit Hilfe einer Münze oder Schablone gezogen wurden.

Zunächst lege ich die Umrandung mit Aquarellfarben an und arbeite, nachdem die Farbe getrocknet ist, die Umrisse und die Schatten mit einer technischen Zeichenfeder und Tinte heraus. Anschließend male ich die Blüten und zeichne zum Abschluß die Stengel und die Umrisse mit Tinte.

Schließlich male ich in jede Ecke eine Miniatur und stelle die winzigen Details an den Masten mit einer sehr feinen Zeichenfeder her. Wenn es Ihnen lieber ist, können Sie auch ein schlichtes Motiv statt der Miniatur in jede Ecke legen.

### Keltische Bordüre

Diese goldgeränderte Bordüre hat einen keltischen Anstrich und besteht aus stilisierten Seilen, die mit ihren sich überschneidenden Ecken ein verschlungenes Muster bilden. Nachdem der Text geschrieben ist, schmücke ich das Initial mit Aquarellfarbe und einer technischen Zeichenfeder. Ich lege eine schwache Lasur in den Rand, warte, bis sie getrocknet ist, und zeichne das Muster ein. Zum Abschluß trage ich Blattgold auf das Initial und die Bordüre.

### Eigentümerzeichen

Diese Umrandung würde ich für Eigentümerzeichen in Büchern verwenden. Das Design ist schlicht und enthält ein elegantes „Namensschild" in der Mitte. Ich trage zwei Lasuren mit Aquarellfarbe auf und lasse sie gut trocknen, bevor ich die Zeichnung mit einer technischen Feder und Tinte vervollständige.

### Stilisierte Blätter

Im folgenden Abschnitt zeige ich, auf welche unterschiedliche Weise man hübsche Bordüren aus stilisierten Blättern anfertigen kann.

Mit Gouache lege ich eine blasse Lasur um die Innenfläche. Nachdem die Farbe getrocknet ist, zeichne ich mit dem Bleistift das Muster, male die Blätter und betone sie mit weißen Punkten. Das Blattgold wird erst hinzugefügt, nachdem alle Farben getrocknet sind.

## Verschlungene Muster

Aus stilisierten Blättern in leuchtenden Farben lassen sich zahlreiche Muster herstellen. Hier verwende ich Gouache und zeige, wie sich die Formen um eine gerade Linie winden, so daß die Krümmungen einen Kontrast zu dem strengeren Mittelteil bilden.

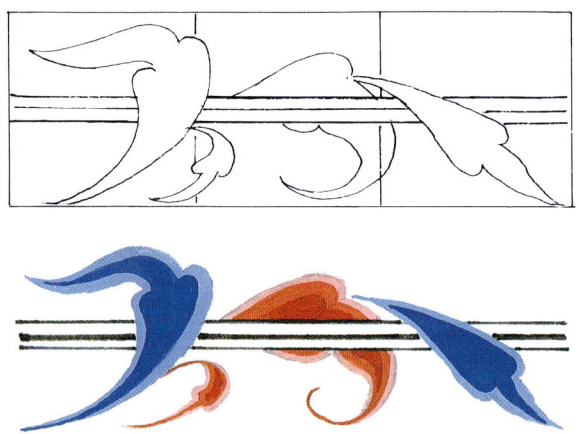

A. Das Design erscheint vor und hinter der Linie. Dafür male ich zunächst die Farben und ziehe anschließend mit einer technischen Zeichenfeder die Ränder.

C. Hier werden die Farben durch winzige weiße Punkte verstärkt. Nachdem die Farben getrocknet sind, zeichne ich die geraden Linien und die mittleren Punkte mit einer feinen Zeichenfeder und roter und blauer Farbe.

## Eckmotive

Für die komplizierteren Eckmotive gegenüber teile ich den rechten Winkel in zwei Hälften von 45 Grad und zeichne das Muster zunächst auf einer Seite. Durch Umkehrung des durchgepausten Motivs läßt sich die Zeichnung auf der anderen Seite exakt wiederholen. Stellen Sie einen Spiegel entlang der Teilungslinie, erkennen Sie das ergänzte Motiv und können es noch verändern, falls es Ihnen nicht ganz zusagt.

Normalerweise verwende ich für winzige Details Aquarellfarben. Für diese stilisierten Blattmuster ziehe ich jedoch Gouache vor.

Eckmotive lassen sich durch Malen oder Zeichnen gerader Ränder auf allen Seiten leicht ergänzen. Winzige Kreise schmücken den Außenrand. Sie werden nach dem Trocknen mit einer sehr feinen Zeichenfeder und blauer Tinte hinzugefügt. Die beiden inneren Eckmotive zeigen, wie Blüten, Stiele und Ranken ein stilisiertes Blattmuster bereichern.

B. Bei dieser Bordüre sorgt die dicke schwarze Linie für ein räumliches Gefühl. In diesem Fall male ich zunächst das Motiv unter der Mittellinie. Nachdem die Farben getrocknet sind, folgt der schwarze Streifen.

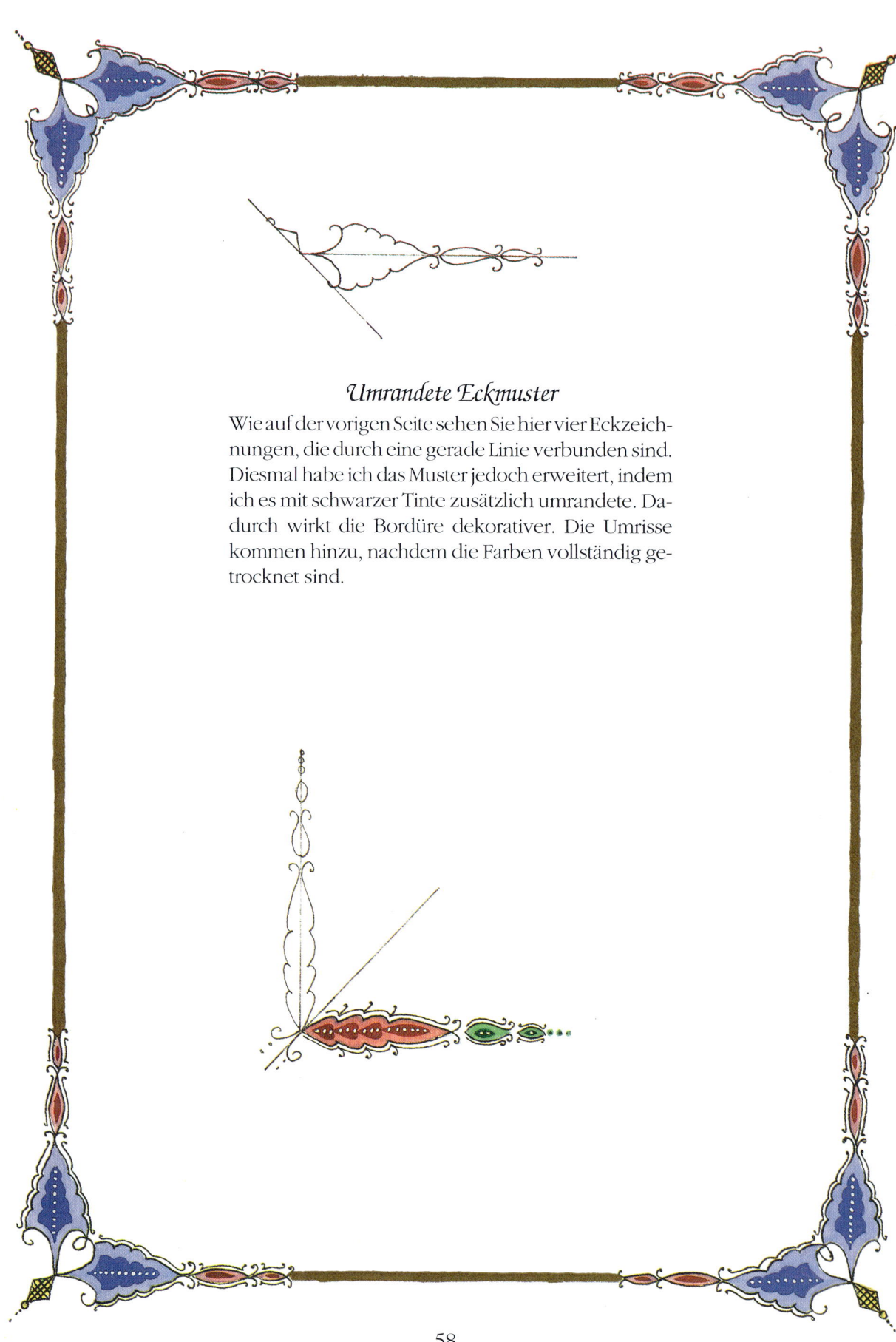

## Umrandete Eckmuster

Wie auf der vorigen Seite sehen Sie hier vier Eckzeichnungen, die durch eine gerade Linie verbunden sind. Diesmal habe ich das Muster jedoch erweitert, indem ich es mit schwarzer Tinte zusätzlich umrandete. Dadurch wirkt die Bordüre dekorativer. Die Umrisse kommen hinzu, nachdem die Farben vollständig getrocknet sind.

### Vergoldete Blattbordüre

Zarte Ranken in sehr hellem Blau dämpfen die leuchtenden Farben der Blätter in diesem Muster. Nachdem alle Farben getrocknet sind, betone ich die Bordüre mit winzigen Punkten aus Muschelgold.

## Schmetterlingsbordüre

Rautenförmige Schmetterlingsmotive ergänzen in dieser Bordüre das Design aus stilisierten Blättern.

Für das Blattmuster verwende ich Gouache und begrenze wie üblich meine Palette auf wenige Farben, um ein Gefühl von Rhythmus und Harmonie zu erzeugen. Nachdem die Blätter trocken sind, male ich die Rauten und Schmetterlinge sorgfältig mit Aquarellfarben. Die zarten Linien werden mit einer sehr feinen Zeichenfeder und Tinte gezogen. Nachdem alle Farben getrocknet sind, trage ich zum Abschluß winzige Punkte mit Muschelgold auf.

### Bordüre mit Blüten und Blättern

Mit stilisierten Blättern kann man schlichte Bordüren anfertigen, sie können aber auch Bestandteil eines stärker ausgearbeiteten Musters sein. Hier habe ich Blüten und geschwungene Stengel als Schmuck hinzugefügt und die gesamte Zeichnung mit Blattgold bereichert. Wie bei den übrigen Bordüren dieses Abschnitts male ich auch hier mit Gouache und trage die Farben nacheinander auf. Nachdem die gesamte Zeichnung getrocknet ist, füge ich das Blattgold hinzu.

## Frontispiz

Zu der Bordüre gegenüber inspirierten mich die entzückenden Frontispize, mit denen die Manuskripte des 12., 13. und 14. Jahrhunderts geschmückt wurden. Die vier „Schreiber" an den Ecken sind Familienmitglieder: mein jüngerer Sohn (oben links), mein älterer Sohn (oben rechts), mein Enkel (unten links) und mein Mann (unten rechts). Wilde Kräuter und Vergißmeinnicht umgeben die goldgeränderten Medaillons, die durch ein „Goldseil" miteinander verbunden sind. Alle Medaillons besitzen Inlays aus Blattgold, die jene Geräte zeigen, mit denen die Schreiber und Maler arbeiten: Palette und Pinsel; Winkeldreieck, Lineal, Gänsefeder und Pinsel sowie ein offenes Buch mit Gänsefeder und Pinsel. Das schon bekannte stilisierte Blattmuster schmückt hier die vier Ecken und kontrastiert mit den zarten Blüten und Blättern an den Seiten.

Die Technik der Miniaturenmalerei behandle ich in diesem Buch nicht, denn das ist ein anderes Thema. Ein einfaches Motiv kann bei einer so vielschichtigen Bordüre wie dieser ebenso wirkungsvoll sein. Entscheiden Sie selbst, und fertigen Sie zunächst ein grobes Layout an.

Bei Bordüren (siehe gegenüber) lege ich zunächst die Farbe an, trage anschließend das Blattgold auf und zeichne zum Abschluß Stiele, Ranken und Umrisse mit Tinte. In diesem Fall habe ich Aquarellfarbe für die Blüten benutzt. Nachdem die Farben getrocknet sind, fertige ich die vier Eckmotive an. Auch die Gestalten male ich mit Aquarellfarben. Normalerweise benutze ich für Miniaturen auf Velin eine pointillistische Technik. Dabei werden winzige Farbpunkte sauber nebeneinandergelegt. Da ich hier jedoch auf Aquarellpapier arbeite, verwende ich etwas breitere Lasuren. Nachdem die Gestalten ebenfalls getrocknet sind, male ich den Hintergrund mit Gouache und spare dabei die Stellen für das Blattgold aus. Anschließend stumpfe ich das Haar ab, indem ich eine zweite Lasur darüberlege.

Im Anschluß an die vier Eckmotive stelle ich mit Gouache den Hintergrund der Medaillons dar und lege Farbe um die Stellen für das Blattgold.

Jetzt kann ich meine Zeichnung vergolden. Nachdem das Gold aufgetragen ist, umreiße ich alle Ränder, Stiele und Ranken mit einer technischen Zeichenfeder und schwarzer Tinte. Kleine Muster aus Blättern umreiße ich manchmal mit schwarzer Tinte. Bei größeren Zeichnungen würde ich es nicht tun.